AF742339

Les mutations du monde du travail

Regards croisés

Droit privé et sciences criminelles

Collection dirigée par Yves Strickler

Créée fin 2011 par Yves Strickler et le Centre d'études et de recherches en droit privé (devenu le Centre d'études et de recherches en droit des procédures en 2013) de la Faculté de Droit et Science politique de Nice, la présente collection a pour vocation principale de publier des ouvrages en liaison avec le thème retenu pour dénomination de la collection. Cette dernière rassemble des recherches originales, tirées notamment de travaux de recherche, de manifestations scientifiques ainsi que d'ouvrages collectifs sur les interrogations actuelles que rencontre la science juridique, spécialement dans le domaine du droit privé et des sciences criminelles.

Dernières parutions

Le prix en droit des contrats, Audrey Borghini, 2025.
Justice et littérature. Nos gloires littéraires et leurs juges. De Chateaubriand à Zola, 2e édition Marcel Foulon, 2024.
Sixième Coloque Interdisciplinaire sur la Défaillance d'Entreprise (CIDE), Éclairages réciproques du droit et des sciences de gestion sur les concepts de la défaillance entrepreneuriale, Xavier Bredart, Karl Lafaurie, Mariyam Lakhal, Eric Séverin (dir.), 2024.
Recherche sur les modes d'extinction de l'obligation, Lionel Andrieu et Marc Mignot (dir.), 2024.
Réception interne des GPA réalisées à l'étranger, Entre ordres étattiques etdésordres juridiques, Florian Bosmel, 2024.
L'obligation de prêter. Contribution à l'étude des obligations du prêteur, Thomas Puech, 2023.
L'effacement des dettes, Pierre Cagnoli et Pierre-Michel Le Corre (dir.), 2023.
Résilience, rebond des TPE et PME en difficulté. Faut-il sauver l'entreprise quoi qu'il en coûte ? Regards croisés Droit et Gestion, Karl Lafaurie et Alain Rivet (dir.), 2023.
La nouvelle justice pénale des mineurs, Pascal Oudot et Laurent Sebag (dir.), 2022.
La gestion du risque pénal et de la conformité à 360° : de l'audit à l'audience. Interconnexion conformité/PEIE et droit pénal de l'entreprise, David Marais, 2022.
La notion de promoteur immobilier, Delphine Pelet, dir. scientifique du Professeur Blandine Mallet-Bricout, 2022.

Sous la direction de
Gulsen YILDIRIM

Les mutations du monde du travail

Regards croisés

L'Harmattan

5-7, rue de l'École-Polytechnique, 75005 Paris
http://www.editions-harmattan.fr
ISBN : 978-2-336-55055-8
EAN : 9782336550558

Direction scientifique

Gulsen YILDIRIM, Professeure des universités en droit privé, Université de Limoges, Directrice exécutive du CREOP (UR 15561)

Auteurs (ordre alphabétique) :

Didier BEE, Président de la Mutuelle Nationale Territoriale (MNT)

Laurent BESOZZI, Vice-président de la Mutuelle Nationale Territoriale (MNT) et président de l'OST

Jennifer CLERTÉ, Membre de l'Institut National de Recherche et de Sécurité (INRS), Mission Veille et Prospective

Hugo DE TARRAGON, Docteur en sciences de gestion, Université de Limoges, Membre du CREOP (UR 15561)

Richard DOUDET, Avocat spécialiste en droit du travail, Ancien bâtonnier de l'ordre des avocats de Limoges

François GRAVIÉ-PLANDÉ, Maître de conférences en sciences de gestion, Université de Limoges, Membre du CREOP (UR 15561)

Johan JULY, Médecin du travail, Spécialiste en psychodynamique du travail

Marc MALENFER, Membre de l'Institut National de Recherche et de Sécurité (INRS), Mission Veille et Prospective

Michel MINÉ, Professeur du Conservatoire national des Arts et Métiers, titulaire de la chaire Droit du travail et droits de la personne, Lise/Cnam/Cnrs, Racse

Rosa Milena MUÑOZ, Doctorante, Universitad de Los Andes, Colombie

Isabelle SAUVIAT, Maître de conférences en sciences de gestion, Université de Limoges, Membre du CREOP (UR 15561)

Delphine THARAUD, Professeure des universités en droit privé, Université de Limoges, Membre de l'OMIJ

Gulsen YILDIRIM, Professeure des universités en droit privé, Université de Limoges, Directrice exécutive du CREOP (UR 15561)

SOMMAIRE

AVANT-PROPOS 9

PREMIÈRE PARTIE
Le renouvellement des enjeux de santé
et sécurité au travail 17

DEUXIÈME PARTIE
Les nouvelles frontières du temps de travail 67

TROISIÈME PARTIE
Les nouveaux lieux de travail 101

QUATRIÈME PARTIE
L'ubérisation du travail 141

POINTS DE VUE CONCLUSIFS 183

Avant-propos

Pourquoi renouveler notre regard sur le travail ?

Gulsen YILDIRIM
Professeure des universités en droit privé, Université de Limoges,
Directrice exécutive du CREOP (UR 15561)

Vieillissement du monde du travail, télétravail, flex office, nouveaux temps du travail, ubérisation, quête de sens… Au cours des deux dernières décennies, le monde du travail a connu de profonds bouleversements qui sont allés crescendo en raison de l'évolution rapide de la technologie, des nouvelles formes d'organisation du travail et des changements socio-économiques. La pandémie de la Covid 19 a d'ailleurs été un facteur incontestable d'accélération de ces changements.

Bien souvent, ces mutations sont associées à une dégradation continue des conditions de travail. Cette inquiétude se comprend d'autant mieux que les transformations du travail affectent tous les domaines d'activité indépendamment du statut du travailleur. Les dichotomies classiques (salarié et indépendant, public et privé…) ont laissé place à des convergences. Pour toutes et tous, les mutations du monde du travail n'apparaissent pas comme des facteurs de progrès visant à améliorer les droits des salariés et agents mais comme de nouvelles contraintes à combattre.

Certes le travail a été et est toujours synonyme de contrainte qui exige la mobilisation de l'essentiel de notre énergie et de notre temps disponible. Cette contrainte a pu être d'une violence physique avec l'esclavage, les corvées et les travaux forcés. D'ailleurs un lien sémantique existe entre travail et persécution, le verbe « travailler » lui-même venant du latin *tripaliare* qui se traduit par torturer avec un instrument, appelé *tripalium*, constitué de trois pieux[1].

Progressivement, le travail réservé à une catégorie d'individus et, par là-même, symbole de la soumission, est devenu, au fil des temps,

[1] D. Méda, *Le travail, une valeur en voie de disparition ?*, Champs Essais, Flammarion, 2010, p. 42 et l'évolution du mot travail.

l'instrument de la libération de l'individu et de de son émancipation, Jean-Paul Sartre ayant pu écrire que « *l'élément libérateur de l'opprimé, c'est le travail* »[2]. Pour passer d'un symbole à l'autre, il a fallu plus de deux millénaires d'autant que, dans beaucoup trop de régions du monde, c'est encore le premier symbole qui aujourd'hui l'emporte.

Dans nos sociétés modernes, nous pensions avoir atteint l'équilibre à tel point que la question du travail, occultée par celle de l'emploi, a disparu des débats publics. Pendant plus de quarante ans, la préoccupation de chacun des acteurs qu'ils soient politiques, chercheurs ou simples individus a été celle de permettre à chacun d'avoir un travail, peu importe la forme du contrat ou du statut, sans s'intéresser à l'environnement mouvant du travailleur. Cette obsession a eu pour effet que même les thèmes touchant au travail comme le temps de travail ont été analysés et réformés sous le prisme de la lutte contre le chômage. Réduire le temps de travail, certes pour donner du temps personnel mais surtout pour partager le travail et permettre à celles et ceux qui n'en ont pas d'en avoir. De même, le contrat de travail a souvent été appréhendé sous l'angle de l'incitation à l'embauche plutôt que de celui des conditions de son exécution. L'ambition a été de garantir toujours plus de flexibilité sur la forme du contrat, son contenu et tout particulièrement sur sa rupture pour rassurer et encourager les recruteurs.

Les dernières décennies ont été bercées par ces doctrines autour de l'emploi à tout prix même si les emplois créés sont temporaires, sans contenu, sans intérêt, même s'ils renforcent les inégalités, pourvu qu'ils existent. Cette préoccupation est bien sûr compréhensible dans une économie marquée par un chômage de masse. Toutefois elle a fait disparaître tout débat sur le travail en lui-même, sa finalité, ses conditions, son organisation et sa reconnaissance. Surtout elle a constitué une sorte de pression psychologique, consciente ou inconsciente, sur celles et ceux qui avaient la chance d'être en activité. Comment se plaindre de son travail, de ses conditions alors que, dans une société frappée par le chômage, la plus grande souffrance est celle de ne pas en avoir ?

---

[2] J.-P. Sartre, *Situations III, Lendemains de Guerre*, 1949, Gallimard, p. 187.

Aujourd'hui la question du travail revient sur le devant de la scène. Cette renaissance est loin d'être simple phénomène de mode. Des transformations de fond bouleversent le rapport au travail. Nous assistons à la fin d'un monde sous l'impulsion de plusieurs mutations qui nous obligent à l'élaboration de nouvelles doctrines.

Tout d'abord, l'avènement du digital, processus inéluctable, modifie le rapport entre l'homme et la machine.

Ainsi l'ubérisation du travail instaure un rapport de force frontal entre les acteurs traditionnels d'un secteur d'activité donné et les travailleurs des nouvelles plateformes dites collaboratives et placés, sous couvert d'une présomption de non salariat, sous une dépendance économique.

De même, selon un rapport du FMI sur l'impact de l'intelligence artificielle (IA)[3], 60 % des emplois des économies avancées seraient menacés par l'IA, du fait de la multitude de tâches qui mobilisent des capacités intellectuelles. Les auteurs du rapport estiment que la moitié de ces emplois serait négativement touchée par cette nouvelle technologie, l'autre moitié pouvant en bénéficier.

L'IA aurait même une répercussion sur les inégalités de revenus et de richesses. Contrairement aux précédentes révolutions industrielles qui ont touché les travailleurs situés à mi-chemin sur l'échelle des compétences, elle concerne cette fois celles et ceux appartenant au sommet des niveaux de revenus.

Comment prendre le meilleur de cette technologie digitale et atténuer le pire avec notamment la déshumanisation de la relation de travail ? Tel est l'enjeu aujourd'hui. L'impact final sur le travail sera tributaire de notre capacité à innover et à s'adapter à cette nouvelle révolution.

Ensuite le monde du travail n'échappe pas aux enjeux liés à la bifurcation écologique. La société se transforme pour tenir compte de l'impact environnemental. Non seulement nos modes de consommation

---

[3] Mauro Cazzaniga, Florence Jaumotte, Longji Li, Giovanni Melina, Augustus J Panton, Carlo Pizzinelli, Emma J Rockall, Marina Mendes Tavares, Gen-AI: Artificial Intelligence and the Future of Work, January 14, 2024 : https://www.imf.org/en/Publications/Staff-Discussion-Notes/Issues/2024/01/14/Gen-AI-Artificial-Intelligence-and-the-Future-of-Work-542379?cid=pr-com-SDNEA2024001

doivent changer mais aussi nos modes de production. Produire autrement, c'est tout simplement travailler autrement.

Par ailleurs, les conditions de travail ne peuvent être appréhendées de la même manière sous l'effet du réchauffement climatique, de la modification de la fréquence et de l'intensité de certains aléas climatiques et de l'évolution de l'environnement biologique et chimique. Il nous oblige à repenser les horaires de travail et les enjeux liés à la santé et la sécurité au travail. Jusqu'à présent, les plans d'adaptation successifs ne fixent aucune mesure ambitieuse qui protégerait les travailleurs des risques associés à leur métier. Seul le droit commun du travail s'applique, comme si le réchauffement climatique était une vue de l'esprit.

Là encore, l'appréhension de ce défi sous tous ces aspects dépendra de notre capacité à innover et à s'adapter.

Enfin le travail subit les effets de l'allongement de la durée de la vie et de l'augmentation du nombre de nos aînés. Notre société vieillissante n'a pas anticipé ce tournant démographique qui a toujours été envisagé sous la pression du financement de notre protection sociale et notamment de nos branches de retraite. Mais reculer l'âge légal de départ à la retraite entraîne le vieillissement de la population active dont l'état de santé se dégrade inévitablement. Dans ce contexte, comment gérer les absences plus fréquentes et plus longues de ces actifs, statistiquement plus exposés aux maladies chroniques ou à l'usure professionnelle ? Comment faire du critère de pénibilité un axe majeur d'une politique de gestion des ressources humaines ?

L'enjeu est non seulement social mais aussi financier. La France est confrontée à un taux élevé d'inactivité chez ceux qu'on appelle plus communément les seniors. Dans les faits, ces personnes sans emploi sont prises en charge soit par l'assurance chômage ou le dispositif du RSA lorsqu'elles sont en fin de droits, soit par l'assurance maladie, en d'autres termes par la solidarité nationale ! Quel est l'intérêt financier si *in fine* c'est encore une composante de la protection sociale qui les accompagne vers la retraite ? On est donc face à un paradoxe entre le report de l'âge légal de départ à la retraite et l'incapacité de ces salariés âgés à rester en activité.

L'allongement de la vie professionnelle ne peut plus être appréhendé sous le prisme de la simple gestion des fins de carrières. Le maintien durable et en bonne santé dans l'emploi doit guider nos politiques publiques bien en amont tout au long du parcours professionnel. Cet objectif nous oblige à regarder la carrière comme un processus continu qui doit prendre en compte l'avancée progressive en âge.

Les organisations du travail dans les entreprises et dans le secteur public doivent être repensées à l'aune de ces mutations. Cependant elles sont complexifiées par une nouvelle génération qui ose davantage que leurs aînés la mobilité professionnelle et dont la quête de sens est plus forte. Le rapport au travail apparait remodelé par la croissance des motivations personnelles et sociales au travail, par de nouveaux équilibres de vie dont le développement du télétravail est un aspect emblématique.

Ces évolutions sociétales transforment les pratiques managériales qui doivent de plus en plus associer les travailleurs. L'appréhension des mutations doit se faire avec celles et ceux qui font le travail, pour le transformer avec eux et non pour eux et sans eux. La démocratie au travail se construit désormais autrement sur des bases plus individuelles que collectives et cela, sans remettre en cause la place des organisations syndicales.

Face à ces bouleversements, il faut décloisonner les approches et ne plus cantonner la réflexion à l'impact financier sur nos comptes publics. Le travail est un sujet sociétal dont la reconsidération oblige à réécrire toutes les cartes qu'elles soient juridique, sociologique, économique ou scientifique... C'est pour cette raison que, pour comprendre ces enjeux, l'approche transdisciplinaire est fondamentale. Le travail et ses mutations ne peuvent être le domaine réservé d'un scientifique quelconque. C'est le regard croisé entre toutes les disciplines qui facilite l'appréhension de ce monde du travail en plein bouleversement.

Cette démarche transdisciplinaire est la marque de fabrique du Centre de recherches sur l'entreprise, les organisations et le patrimoine (CREOP, UR 15561), laboratoire de l'université de Limoges et porteur de cette étude. Créé en 2003, il fut l'un des premiers laboratoires bidisciplinaires Droit et Sciences de gestion. Ce projet ambitieux dans un monde de la recherche souvent cloisonné, avait pour objectif de permettre aux gestionnaires et aux juristes de mener des recherches communes sur le thème de l'entreprise et plus largement des organisations et du patrimoine des acteurs économiques.

Cette approche conjuguée ou transdisciplinaire répond à une véritable nécessité dans la mesure où l'entreprise dont la richesse repose en grande partie sur le travail est rebelle aux programmes académiques et aux cloisonnements disciplinaires. Les interactions entre le droit social et la gestion des ressources humaines en sont un exemple significatif. C'est dans cette ambition que les chercheurs du CREOP organisent régulièrement des rencontres dites regards croisés Droit et Gestion[4].

C'est pourquoi, la richesse de cette étude sur les mutations du travail repose sur cette synergie indispensable entre juristes, gestionnaires, sociologues du travail, médecins du travail… Et cet ouvrage retranscrit aussi fidèlement que possible cette démarche innovante à travers les propos et les points de vue défendus par les participants lors d'une journée d'étude consacrée aux mutations du monde du travail organisée en partenariat entre le CREOP et la Mutuelle Nationale Territoriale (MNT)[5].

Repenser le travail pour mieux le reconnaître ! La tâche est immense et notre étude ne prétend pas à l'exhaustivité. Elle apporte modestement sa pierre à cette nécessaire compréhension des mutations et cette réflexion sur de nouvelles formes d'organisation du travail et de management en donnant quelques clés aux premiers concernés.

Pour cela, l'ouvrage se concentre sur quelques priorités qui nous ont semblé particulièrement urgentes, avec un objectif général : concilier le développement économique avec l'épanouissement individuel et collectif, en plaçant le travail au cœur du débat. D'autres thèmes auraient certainement mérité de nouveaux éclairages mais un ouvrage aussi complet soit-il ne saurait épuiser un sujet inépuisable…

---

[4] Voir notamment G. Yildirim, I. Sauviat et R. Dumas (sous la direction), « *Médiation et entreprises : regards croisés droit et gestion* », Collection Droit privé et sciences criminelles, L'Harmattan, 2019 ; G. Yildirim et A. Rivet (sous la direction), « *Les difficultés des petites entreprises : regards croisés Droit et Gestion* », Collection Droit privé et sciences criminelles, L'Harmattan, 2020 ; K. Lafaurie et A. Rivet (sous la direction), *« Rebond Résilience, Rebond des TPE et PME en difficulté, Faut-il sauver l'entreprise, Quoi qu'il en coûte ?, Regards croisés Droit et Gestion »*, Collection Droit privé et sciences criminelles, L'Harmattan, 2023.

[5] Journée d'études « Le monde du travail en mutation : défis et perspectives », jeudi 16 mai 2024, Faculté de droit et des sciences économiques, organisée par le CREOP en partenariat avec la MNT.

De nouveaux temps de recherches viendront à coup sûr compléter cette première pierre à l'édifice transdisciplinaire des mutations du travail.

Il me revient de remercier tout particulièrement l'ensemble des contributeurs tant universitaires que professionnels. Il ne fait aucun doute que leurs regards sur les mutations du monde du travail susciteront des réactions qui ouvriront assurément de nouvelles pistes de réflexion.

Puisse cette étude contribuer à la nécessaire reconsidération du travail...

Première partie

Le renouvellement des enjeux de santé et de sécurité au travail

Le travail en 2040, modalités de pilotage et enjeux de santé et sécurité

Marc MALENFER et Jennifer CLERTÉ
Membres de l'Institut National de Recherche et Sécurité (INRS), Mission Veille et Prospective

Introduction

Face aux évolutions technologiques qui se sont accélérées depuis le début des années 2000 et à un monde confronté à plus d'instabilité, les entreprises sont à la recherche de nouvelles modalités d'organisation leur apportant plus d'agilité. En parallèle, le rapport au travail et les parcours professionnels évoluent, la lutte contre le dérèglement climatique impose une transformation des systèmes de production. A la suite de la pandémie de Covid-19, les mutations à l'œuvre (diversification des formes de travail et d'emploi, recours de plus en plus important aux outils numériques) se sont accélérées. L'Institut National de Recherche et Sécurité (INRS) a conduit un exercice de prospective afin d'imaginer quelles modalités de pilotage des activités pourraient émerger dans ce contexte d'ici à 2040 et d'en identifier les conséquences possibles en matière de santé et sécurité au travail.

Ces travaux ne prétendent pas prédire ce que sera le travail demain. Ils donnent à voir ce qu'il pourrait être, afin d'aider les partenaires sociaux et tous les acteurs de la prévention à anticiper ces possibles transformations.

Pilotage des activités de travail, de quoi parle-t-on ?

La notion de pilotage des activités peut être définie comme une des dimensions du management. Henri Fayol, un des premiers penseurs de la gestion d'entreprises, distingue pour sa part plusieurs fonctions du management qu'il décrit à travers cinq infinitifs[6] :

- Prévoir : définition de la stratégie d'entreprise,
- Organiser : définition des rôles et tâches de chacun et de la coordination des activités (définition des processus),

---

6 *Traité d'administration générale, Fayol H.* (1916),

- Commander : prise de décision par une autorité désignée ou élue,
- Coordonner : définition de la structure de l'entreprise et de ses différents niveaux de hiérarchie,
- Contrôler : suivi de l'activité.

Le pilotage des activités de travail, tel que défini dans le cadre de cet exercice, exclut ce qui relève du fonctionnement de l'organisation dans sa globalité (prévoir, commander). Il se concentre sur les différentes fonctions qui encadrent les activités de travail en elles-mêmes et qui visent à organiser, contrôler et évaluer la réalisation des activités. Parmi les fonctions de pilotage, le groupe de travail constitué à l'occasion de cet exercice a distingué quatre principales catégories :

- La fixation des objectifs collectifs et individuels,
- La définition de l'organisation du travail, des processus, des missions et des moyens à fournir pour leur réalisation,
- L'animation d'équipe et l'accompagnement individuel,
- L'évaluation et le contrôle de la performance (collective et individuelle)

Méthodologie, un exercice en trois composantes

Cet exercice a été conduit par un groupe de travail pluridisciplinaire animé par la mission veille et prospective de l'INRS[7].

La méthodologie a consisté à assembler et articuler les éléments issus de trois composantes, constituant autant d'étapes successives. La première a permis de construire un paysage prospectif sur la base de l'exploitation de travaux antérieurs, d'interviews d'experts et de l'instruction d'une série de thématiques. La deuxième a consisté en un détour par la fiction pour imaginer des situations de travail de 2040 correspondant aux transformations possibles identifiées dans la première composante. La troisième composante a porté naturellement sur les risques professionnels et la prévention, grâce au regard porté par des spécialistes de la santé au travail sur les cas fictifs imaginés précédemment.

---

[7] Composition du groupe de travail : Marc Malenfer, Jennifer Clerté, Bertrand Delecroix, Agnès Aublet-Cuvelier, Marie-Eva Planchard, INRS, Pierre-Antoine Marti, Futuribles, Suzy Canivenc, Chaire FIT², Mines Paris PSL et Thomas Coutrot, IRES.

<u>Première composante</u> : analyse prospective des modalités de pilotage de l'activité

Cette analyse a été menée sur la base d'une étude bibliographique et de matériaux issus de quatre sources :

- **Une analyse des grandes transitions à l'œuvre**

Dans un premier temps, il s'est agi d'identifier les tendances transverses structurantes à l'horizon 2040 qui viennent impacter le monde de l'entreprise. Onze variables concernant les grandes tendances économiques, géopolitiques, environnementales et sociétales susceptibles d'avoir des répercussions sur le monde du travail ont été identifiées et ont fait l'objet d'une première analyse, en s'appuyant sur de précédents rapports de prospective de l'INRS et de Futuribles.

- **Une série d'entretiens avec des experts**

En parallèle, seize entretiens d'experts (enseignants, chercheurs, consultants dans les domaines de la gestion, des RH, de la sociologie…) ont été conduits par les membres du groupe de travail. Il s'agissait d'entretiens d'environ une heure, en visioconférence, portant sur :

  - la rétrospective des évolutions des modes de pilotage de l'activité dans les entreprises au cours des vingt dernières années,
  - l'identification des facteurs de changements en cours,
  - la projection des évolutions possibles à un horizon d'une quinzaine d'années.

- **Une série de rencontres avec des entreprises aux modes de pilotage innovants**

L'exploration des transformations des modalités de travail s'est également appuyée sur des rencontres et entretiens avec un travailleur indépendant et des dirigeants d'entreprises particulièrement innovantes dans leurs modes de gouvernance et de fonctionnement.

- **L'instruction de douze dynamiques / modalités de travail**

Enfin, le groupe de travail a identifié une douzaine de thèmes nécessitant un traitement spécifique sous la forme d'une courte fiche identifiant les évolutions récentes et les perspectives à l'horizon 2040. Il peut s'agir de modalités de travail (par exemple le travail à distance) ou de dynamiques organisationnelles (par exemple la plateformisation).

Cette première composante a permis au groupe de travail d'établir une liste de quatorze points clés définissant les principales transformations et perspectives d'évolution des modalités de pilotage du travail d'ici à 2040.

<u>Deuxième composante</u> : design fiction « *travailler en 2040* »

Le design fiction consiste à utiliser les moyens de la fiction (histoires, personnages) et du design (création d'objets ou de documents) au service de l'exploration des futurs possibles. En matière de prospective, le design fiction favorise les approches créatives et imaginatives, mais aussi immersives. En effet, le recours au design fiction permet d'incarner les perspectives futures de façon plus concrète, au-delà des tendances et des scénarios à échelle macro. A travers les personnages, les histoires, etc., il permet d'envisager dans le détail les implications des perspectives imaginées sur les personnes et leurs attitudes, sur les organisations et leur fonctionnement.

- **Conception d'une série de situations fictives**

Sur la base de ces éléments de contexte, le groupe de travail a engagé une démarche de design fiction afin d'imaginer plusieurs organisations du travail susceptibles de voir le jour d'ici à 2040, à partir de la conception de *personae*[8] et de profils d'entreprises fictives, dans le cadre d'ateliers conduits par le groupe de travail accompagné de contributeurs supplémentaires. En complément de chaque combinaison entreprise/*personae* ont été ajoutés des éléments descriptifs sur le travail et son pilotage. Le groupe s'est également assuré que les cas imaginés permettaient bien d'illustrer la diversité des transformations et des incertitudes identifiées dans la composante 1.

<u>Troisième composante</u> : identification des enjeux en santé et sécurité au travail

Les éléments issus de la phase de design fiction ont ensuite été confrontés aux regards d'experts en santé et sécurité au travail, afin d'identifier les enjeux soulevés par ces possibles évolutions des modalités de pilotage. Pour cela, deux ateliers ont été conduits

8 Personnages fictifs incarnant des travailleurs en 2040

rassemblant chacun une douzaine de participants issus de disciplines et d'organismes différents. Le cahier de design fiction issu de la deuxième composante leur a été fourni en les invitant à en tirer les éléments les plus significatifs sur la base de quelques questions portant sur les risques, les opportunités en prévention et les conditions à rassembler pour rendre ces futures situations favorables à la santé des travailleurs. Ces éléments ont ensuite été débattus lors des ateliers rassemblant physiquement les experts invités et les membres du groupe de travail (deux ateliers de vingt participants chacun). Cette dernière composante a permis d'établir une liste des principaux enjeux de santé et sécurité au travail et de prévention, associés aux transformations possibles des modalités de pilotage du travail durant les quinze prochaines années.

I. Composante 1 : Analyse prospective

Un siècle d'évolution des modalités de pilotage du travail

La diversification progressive des modes de pilotage du travail depuis le début du XXème siècle a été représentée sous la forme d'une frise chronologique[9]. Cette infographie met en évidence le foisonnement des concepts théoriques (Taylorisme) et des manifestations concrètes (Fordisme). Elle n'a pas vocation à fournir une représentation quantitative et exhaustive, les différents courants présentés peuvent concerner des nombres d'entreprises et des effectifs de travailleurs très inégaux. Les courants sont classés en fonction du niveau d'autonomie accordé aux travailleurs (très faible dans le cas des plateformes de la *gig economy*, beaucoup plus forte dans les courants issus de l'école des relations humaines ou dans les organisations de type sociocratie). Elle a été élaborée par le groupe de pilotage sur la base des entretiens auprès des experts et du travail documentaire conduit lors de la rédaction des fiches modalités de travail.

Les entreprises face aux mutations de leur environnement

Le groupe de travail a également exploité des travaux de prospective antérieurs de l'INRS et d'autres acteurs afin de recenser les principales variables externes auxquelles les entreprises sont

[9] Le rapport complet de cet exercice contenant l'ensemble des illustrations rattachées est accessible à l'adresse : www.inrs.fr/prospective

confrontées lorsqu'elles doivent faire des choix engageants pour leur avenir. Certaines concernent la stratégie globale et d'autres plutôt la gestion des ressources humaines.
Elles sont brièvement présentées ici :

Variables susceptibles d'influencer les choix stratégiques des entreprises :

L'automatisation : la poursuite des processus d'automatisation et de numérisation du travail impose une continuelle adaptation des organisations (disparition/ création de nouveaux métiers, mise à jour des compétences, gestion des risques associés…).

Le changement climatique : la nécessité de prendre en compte le changement climatique, la crise des ressources et la réduction de la biodiversité dans la stratégie des entreprises s'accentue : enjeux de la décarbonation, du travail par fortes chaleurs, des catastrophes naturelles, des reconversions de certains métiers vers de nouveaux…

Le rapport au territoire : les nouvelles attentes socio-politiques ainsi que la fragilité des chaînes de valeurs distendues amènent les entreprises à repenser leur ancrage territorial (attachement au local, ville du quart d'heure…).

Le contexte géopolitique : la prise en compte des enjeux géopolitiques dans la stratégie des entreprises (enjeux de résilience économique et d'image auprès des consommateurs et des collaborateurs) devient également de plus en plus critique.

Variables susceptibles d'influencer la gestion des ressources humaines :

La polarisation du marché du travail : on observe une polarisation du marché du travail, entre d'un côté une population aisée et formée, apte à imposer ses attentes aux employeurs et une autre précaire et empêchée. Une tendance à mettre en parallèle avec celle de l'homogénéisation observée dans certains métiers, qui se traduit par des collectifs de travailleurs relativement proches en termes de sexe, d'âge, mais aussi de formation, d'origines sociale et géographique etc.

Les migrations : le développement des migrations climatiques et géopolitiques pourrait répondre aux besoins de secteurs en tension (hôtellerie-restauration, santé) alors que des activités télétravaillables pourraient être davantage délocalisées (informatique, graphisme, relation clients…)

L'inclusion : la tendance à l'archipélisation des identités entraine des difficultés de management, notamment dans le fait de parvenir à faire cohabiter des communautés et identités diverses (religion, langue, culture, genre, alimentation…) pour maintenir la cohésion.

Les transformations sociétales : la remise en cause de la parole institutionnelle et des organisations verticales s'accentue. On constate ainsi une rupture de confiance vis-à-vis de l'entreprise et l'émergence de nouvelles formes d'expression et de mobilisation. Ces transformations sont à mettre en relation avec l'élévation globale du niveau d'éducation et la multiplication des canaux d'informations.

Le rapport au travail : les pratiques de GRH individualisantes ont favorisé une montée de l'individualisme des travailleurs. Peu à peu, le travail à distance et la fragmentation des trajectoires professionnelles sont venus affaiblir les collectifs de travail.

Des nouvelles générations exigeantes : les nouvelles générations portent de nouvelles exigences en matière d'équilibre vie professionnelle et vie personnelle ou de responsabilité environnementale et sociétale. Elles entretiennent un rapport au travail plus distancié. Elles jouent le rôle de porte-étendard d'aspirations largement partagées.

Vieillissement de la population active : l'allongement des carrières professionnelles implique des efforts de maintien en emploi des populations vieillissantes (gestion des compétences, pénibilité, cohabitation intergénérationnelle).

Les dynamiques à l'œuvre

Enfin, le groupe de travail a identifié une série de modalités de travail ou de dynamiques organisationnelles dont les évolutions dans les prochaines années sont à la fois incertaines et déterminantes pour les questions de pilotage de l'activité de travail. Pour chacune d'elles, une évolution possible est proposée ainsi qu'un obstacle qui pourrait la freiner. Chacune a fait l'objet d'un développement sous forme de fiches.

Temps de travail :
Evolution possible : densification du temps de travail et développement de la pluriactivité
Frein possible : Intensification du travail contribuant à la dégradation de la santé des travailleurs

Statut d'emploi :
Evolution possible : développement du travail indépendant
Freins possibles : précarité des revenus et déficit de protection sociale

Travail à distance :
Evolution possible : poursuite du développement du télétravail
Freins possibles : problématiques de frontières vie professionnelle / vie personnelle et de responsabilité juridique en matière de risques professionnels

Outils de communication :
Evolution possible : Centralisation des fonctionnalités au sein de plateformes transverses et multi-usages
Freins possibles : Enjeu de sobriété numérique ; acceptation limitée des salariés peu ou pas associés à l'intégration de ces outils

Lieux de travail :
Evolution possible : hybridation entre lieux de vie et lieux de travail.
Freins possibles : Lassitude de la distanciation et du « tout numérique », aspiration à une resocialisation des espaces de travail et une séparation nette des espaces

Dialogues social et professionnel :
Evolution possible : renouveau du dialogue social de proximité dans les entreprises
Freins possibles : stratégies individuelles de mise en retrait et contestation « désinstitutionnalisée » sur les réseaux sociaux

Modèle coopératif :
Evolution possible : développement en réaction au modèle des plateformes et en lien avec l'aspiration à plus de démocratie
Freins possibles : lenteur des prises de décisions et capacités d'investissement limitées par rapport à la concurrence

Informatisation des processus :
Evolution possible : recours plus large au management algorithmique ; complexification des objectifs et des systèmes d'évaluation
Freins possibles : Problème d'acceptation, rejet social lié au manque de confiance (transparence, explicabilité, biais)

Economie collaborative :
Evolution possible : support possible à la pluriactivité ; engouement lié à la quête de sens des nouvelles générations
Freins possibles : problème de financement, communautés réduites et instables dans le temps

Sous-traitance :
Evolution possible : poursuite de la sous-traitance notamment via le recours aux autoentrepreneurs
Freins possibles : relocalisation / réindustrialisation / réinternalisation

Pilotage industriel :
Evolution possible : industrie 4.0 basée sur des systèmes d'IA ; retour à un pilotage « lean » plus agile
Freins possibles : capacités d'investissement des entreprises ; exigence de retour sur investissement conduisant à une intensification du travail

Plateformisation :
Evolution possible : développement conditionné par une meilleure protection sociale
Freins possibles : évolution réglementaire visant à mieux encadrer les plateformes de service

Points clés issus de la phase d'analyse prospective

En recoupant les éléments issus des variables externes observées, des entretiens conduits auprès des experts, des visites d'entreprises réalisées et des modalités de travail étudiées, la phase d'analyse prospective a permis de mettre en lumière des éléments clés qui influencent les modalités de pilotage de l'activité de travail :

- **Un rapport au travail de plus en plus individuel** : avec la diversification des statuts de travailleurs et le développement d'une gestion des compétences conduite au travers de l'évaluation individuelle, les systèmes de relations professionnelles et de négociation collective ont évolué depuis les années 80 vers une part accrue de la place de l'individu au détriment du collectif.

- **Télétravail, « l'effet cliquet »** : le télétravail, instauré de façon massive depuis la crise sanitaire, est devenu une exigence de nombreux salariés dont l'activité peut être au moins partiellement réalisée à distance. Les travailleurs qui ne peuvent y accéder en sont souvent frustrés, ce qui contribue à la désaffection pour les métiers non télétravaillables. Un retour au travail exclusivement sur site paraît difficile à envisager pour les entreprises, bien que le télétravail leur pose de nombreuses questions en termes d'engagement, d'innovation, de cohésion des collectifs et de contrôle.

- **Une aspiration de plus en plus grande au travail indépendant, qui reste pourtant limité** : depuis 2008, l'économie de plateforme et l'instauration d'un cadre réglementaire simplifié ont favorisé la création d'entreprises individuelles qui, bien que toujours minoritaires, suscitent l'intérêt des travailleurs du fait de la supposée liberté associée. Cependant, ce développement reste limité en raison des problèmes de revenus et de protection sociale que pose ce statut.

- **Le numérique (logiciels, robots, système d'IA...) est désormais omniprésent**, à tous les niveaux de l'entreprise. Progressivement, ces outils, en raison des contraintes imposées par leur conception et des fonctions de planification et d'évaluation du travail qu'ils permettent, viennent de plus en plus souvent renforcer la prescription et le contrôle, réduisant ainsi l'autonomie des travailleurs. Leur usage vient potentiellement modifier toutes les dimensions du travail (contenu, organisation, relations humaines). Ils peuvent cependant également constituer un soutien précieux lorsqu'ils sont conçus comme une aide à la décision ou pour soustraire le travailleur à certains risques.

- « **Seul le résultat compte** » : du fait de ces évolutions, le contrôle des travailleurs est désormais davantage basé sur les indicateurs de résultat que sur les moyens mis en œuvre pour réaliser le travail. Si le travail est toujours prescrit, le travailleur s'organise de plus en plus seul pour l'effectuer.

- **Des objectifs qui s'additionnent** : les exigences en matière de résultats ne faiblissent pas et s'additionnent progressivement à de nouveaux objectifs pour les entreprises, par exemple dans le domaine de la responsabilité sociétale des entreprises (RSE), qui viennent se répercuter sur les objectifs fixés aux salariés.

- **Les modes de gestion des entreprises se sont souvent complexifiés et rigidifiés** sous l'effet de plusieurs facteurs (recours à des outils numériques normatifs, management par les chiffres, lean rigide, multiplication des normes, sous-traitance en cascade) avec des effets parfois délétères sur la santé des travailleurs. Cette rigidification et d'autant moins bien vécue qu'elle va à l'encontre de l'aspiration à plus d'autonomie d'une population salariée dont le niveau d'éducation a fortement augmenté.

- **De nouveaux modes de management et de gouvernance se développent** face à ces évolutions, dans le but affiché de susciter ou de renforcer l'engagement des travailleurs et de retrouver une capacité d'innovation. Ces nouveaux modèles de management et de gouvernance restent cependant toujours minoritaires et leurs conséquences sur la santé des travailleurs doivent être mieux documentées.

- **Un management complexifié et distancié :** du fait de ces évolutions (individuation[10] de la gestion RH, télétravail,

10 L'***individuation*** est le processus de distinction d'un individu par rapport aux autres au sein d'un même groupe. Elle n'implique pas obligatoirement un comportement individualiste.

management par le résultat, pénuries de main d'œuvre dans certains secteurs) le rôle du manager de proximité change de nature. Il est de plus en plus souvent considéré comme un facilitateur, responsable d'animer le collectif et de maintenir sa cohésion. Son rôle est complexifié non seulement par les phénomènes d'individuation et de distanciation des équipes mais également parce qu'il se trouve à l'interface des nouvelles exigences de travailleurs et des objectifs fixés par les directions. L'évaluation du travail se faisant de plus en plus souvent au travers d'outils numériques, le top management se trouve pour sa part de plus en plus éloigné et en décalage avec le travail réel des équipes.

- **Les difficultés de recrutement et de fidélisation des salariés** amènent les entreprises à réinterroger leur organisation. Elles peuvent adopter différentes réponses pour y remédier, comme recourir aux plateformes, se tourner vers une main d'œuvre immigrée, ou encore proposer une nouvelle organisation du temps de travail ou un modèle de management innovant plus participatif, démocratique, ou éthique.

Quelles émergences d'ici à 2040 ?

- **Une hybridation des statuts d'indépendants et de salariés** pourrait se dessiner : instauration de modèles d'indépendants plus protecteurs en matière de couverture sociale ou modèle de subordination assoupli laissant plus d'autonomie aux travailleurs,

- **Un possible développement de la pluriactivité** : le recours à des organisations du temps de travail jusqu'ici peu développées (e.g. semaines de 4 jours, journée de 12 heures) ainsi que le télétravail pourraient favoriser le développement de la pluriactivité et contribuer à la fois à allonger la durée effective du travail et à en intensifier le rythme,

- **Un foisonnement de nouveaux modes de management** : le développement de nouveaux modes de management, encore minoritaires, et qui se démarquent du modèle taylorien traditionnel, pourrait prendre de l'ampleur dans un contexte où la crise environnementale et la quête de sens alimentent une remise en cause des modes de pilotage traditionnels.

- **Une ambivalence des nouvelles technologies, selon l'usage qui en sera fait** : si les outils technologiques de communication et de production en cours de développement peuvent permettre de faciliter le travail et le rendre moins pénible, les usages qui en sont faits, déterminés par les modalités de pilotage propres à chaque organisation, pourront tout aussi bien s'avérer bénéfiques que délétères selon qu'ils tiennent compte ou non dans leur conception et implémentation du travail réel et du point de vue des travailleurs.

II. Composante 2 : design fiction : « travailler en 2040 »

Dans le cadre de cet exercice, l'approche par le design fiction a plusieurs ambitions :

- Incarner concrètement les tendances du travail de demain et de son pilotage, à travers des personnages ;
- Mettre à l'épreuve les tendances identifiées, pour envisager la manière dont elles pourraient se manifester effectivement dans les organisations ;
- Approfondir la réflexion sur les enjeux de santé et sécurité : les préventeurs associés à la démarche ont pu se prononcer sur la base de cas fictifs qui préfigurent les risques SST de demain et la manière de les prévenir ;
- Faciliter l'appropriation : les créations (fiches profils des travailleurs et des entreprises sur un réseau social fictif) offrent une porte d'entrée facilement identifiable vers les travaux prospectifs, qui facilitent la projection dans les futurs envisagés, et peuvent permettre notamment de sensibiliser un public qui n'est pas familier avec ce type d'exercice ;
- Ouvrir la conversation et le débat : les créations proposées offrent des objets tangibles qui peuvent servir de base à des conversations sur les enjeux de SST, voire à des ateliers ou exercices de projection dans le futur de modalités de pilotage du travail, au sein de l'INRS et éventuellement de son écosystème élargi.

Constitution d'un cahier de design fiction

Dans un premier temps, huit profils d'entreprises fictives et dix *personae* ont été imaginés à l'occasion d'ateliers conduits par le groupe de travail, avec quelques contributeurs supplémentaires. Ces créations ont été élaborées sur la base des éléments de contexte établis lors de la première composante de l'exercice. Les entreprises et *personae* sont présentés sous la forme de profils sur un réseau social professionnel que l'on suppose prédominant en 2040 « *Humans@Work* »[11], dont les membres n'hésitent pas à mêler l'intime au professionnel.

Des narrations et des éléments descriptifs des situations de travail propres à chaque entreprise ont ensuite été explorés, afin de les confronter aux points de vue d'experts en santé et sécurité au travail.

Ces profils et récits ont été élaborés de façon à croiser deux critères :

- Un secteur d'activité choisi parmi ceux définis comme prioritaires en phase préparatoire de l'exercice : Aide à la personne (dont Ehpad) ; Transports / logistique, Recyclage / traitement des déchets / métiers verts ; Industrie manufacturière (dont agro-alimentaire) ; Petit commerce ; Secteur tertiaire, environnement de bureau ; BTP / exploitation de l'immobilier (nettoyage, gardiennage). Tous les secteurs n'ont évidemment pas pu être explorés.
- Un mode de pilotage parmi ceux identifiés grâce au travail exploratoire de la première composante et aux visites d'entreprises.

Par ailleurs, chaque récit devait intégrer *a minima* une variable externe et une dynamique du travail parmi celles identifiées dans le cadre de la première composante. Le recouvrement de ces variables et dynamiques par les différents récits a été vérifié.

Les situations de travail décrites ont été construites pour faire réagir des préventeurs. Elles tendent donc naturellement à mettre en évidence des contextes comportant des risques professionnels, tout en s'appuyant sur des phénomènes déjà émergents. C'est pourquoi la lecture de ces cas peut donner une image préoccupante voire anxiogène du futur du travail. Les auteurs précisent ici que la finalité de la

11 Humans at Work : Humains au Travail

prospective n'est pas de prédire l'avenir mais d'inciter les acteurs à agir dès aujourd'hui pour construire collectivement un futur du travail sinon idéal, au moins désirable.

III. Composante 3 : Enjeux en santé et sécurité au travail

La troisième partie de l'exercice a porté sur les enjeux de santé et sécurité au travail (S&ST) et de prévention de manière plus transversale avec pour ambition de faire émerger des pistes d'actions à mettre en œuvre dès aujourd'hui pour construire un futur favorable à la santé au travail. Elle s'appuie sur les contributions d'un collectif d'experts en S&ST à qui le cahier de design fiction a été soumis. Ils ont été invités à faire valoir leur point de vue sur chaque cas fictif et à en débattre dans le cadre d'ateliers organisés par l'INRS.

Synthèse des enjeux de S&ST issus des ateliers

1- Des évolutions organisationnelles préoccupantes

Confrontés aux cas fictifs imaginés dans le cadre de la composante 2 de cet exercice, les participants aux ateliers, essentiellement des spécialistes des questions de risques professionnels, ont souvent signalé que la majorité des situations ne leur semblaient pas désirables. Cependant certains ont également souligné que nombre de ces cas n'étaient que des prolongements ou amplifications d'évolutions déjà observables dans les organisations actuelles du travail. Le fait que ces cas soient à la fois peu désirables et en partie déjà existants dans le monde du travail aujourd'hui, répond bien à la finalité de l'exercice, dont le but principal est d'envisager les risques professionnels potentiellement prégnants en 2040, pour mieux prévenir leur développement dès aujourd'hui.

Plusieurs tendances potentiellement délétères se dégagent.

Une flexibilisation qui isole les travailleurs

Les organisations décrites dans le cahier de design fiction se caractérisent souvent par la recherche d'une flexibilité leur permettant de faire face aux fluctuations de la demande et aux évolutions conjoncturelles. Cette évolution peut être qualifiée de tendancielle car elle est déjà à l'œuvre depuis de nombreuses années avec les développements de la sous-traitance, de l'intérim, des contrats courts… L'aboutissement de ce processus est le fort développement des entreprises unipersonnelles, chaque travailleur devenant une unité économique à laquelle peut être confiée la réalisation de tâches plus ou moins complexes pour des durées plus ou moins longues. Cette quête de flexibilité, motivée par la recherche de réduction des coûts et de résilience face à l'accumulation de crises successives, se traduit par plusieurs conséquences en matière de gestion de la prévention des risques, notamment :

- Un affaiblissement du collectif et une culture de prévention difficile à construire lorsque les travailleurs changent sans cesse, travaillent à distance ou relèvent de statuts différents.
- Une dilution des responsabilités dans certaines situations.
- Une fragmentation du travail entre de multiples entités n'entretenant pas entre elles de véritables relations de travail.

Des organisations techno-centrées dans lesquelles l'écart entre le travail prescrit et le travail réel se creuse

Le recours accru aux technologies peut, lui aussi, être considéré comme tendanciel. Lorsqu'elles sont mobilisées à des fins de pilotage de l'activité, ces technologies peuvent se traduire par l'instauration d'un management algorithmique ainsi que par l'usage d'outils numériques de surveillance et d'évaluation dont la finalité et les destinataires ne sont pas toujours clairement connus des travailleurs.

Un usage techno-centré de ces outils semble favoriser un pilotage de l'activité dans lequel les technologies peuvent se substituer à l'encadrement intermédiaire en automatisant la prescription et en déléguant la surveillance et l'évaluation aux clients, collègues ou usagers... Cette tendance, si elle se généralise, risque de renforcer l'écart entre le travail prescrit et le travail réel et poser de nombreux problèmes éthiques, de protections des données, de discrimination etc.

Une raison d'être qui ne place pas toujours la santé des travailleurs au centre des préoccupations

Les cas fictifs qui ont été décrits mettent souvent en avant les impacts positifs que les organisations souhaitent avoir : le « prendre soin » (le « care »), la protection de l'environnement (la circularité), le bien-être animal, l'inclusivité… Cependant certaines de ces postures semblent autoriser des concessions en matière de conditions de travail (sur l'ergonomie des espaces de travail par exemple) qui peuvent *in fine* avoir des effets délétères sur la santé des travailleurs. Il peut aussi s'agir dans certains cas de nouveaux aménagements de l'organisation du travail (*full remote*[12], semaine de quatre jours) qui visent à favoriser un meilleur équilibre entre vie professionnelle et personnelle. Mais ces aménagements supposés répondre aux attentes des travailleurs peuvent entraîner de nouveaux risques s'ils ne font pas l'objet d'une évaluation préalable et d'un accompagnement dans la durée. En définitive, les organisations mises en place peuvent même générer des effets contraires aux valeurs avancées (le souhait d'égalité des chances et d'inclusivité, peut par exemple être contrebalancé par la mise en place d'un management algorithmique entraînant un recours systématique aux mêmes types de profils).

<u>Le développement des situations de co-activité</u>

Une autre caractéristique de certaines des organisations décrites est la fréquence des situations de co-activité. Celle-ci est liée au recours accru à la sous-traitance et au travail temporaire, qu'il s'agisse d'intérimaires ou d'auto-entrepreneurs, mais aussi au développement de collaborations entre parties prenantes d'un même écosystème. Les conditions de travail de ces travailleurs aux statuts différents peuvent dépendre de leurs interactions sans que la prévention des risques soit forcément un sujet pris en compte dans le pilotage de l'activité. Cette co-activité peut aggraver les inégalités entre les travailleurs selon leur statut (certains risques pouvant se voir reportés sur une catégorie de travailleurs moins protégés) ; elle peut aussi brouiller les responsabilités, conduire à plus de tensions entre travailleurs et constituer un facteur aggravant de risque d'accident.

<u>L'évolution des attentes en matière de ressources humaines</u>

Avec le développement de l'automatisation et de l'intelligence artificielle, les tâches répétitives et physiquement exigeantes sont de plus en plus souvent transférées aux machines. Les progrès technologiques étendent progressivement ce phénomène à des métiers qualifiés. Les travailleurs doivent démontrer de nouvelles aptitudes :

---

12 Travail à 100 % en distanciel

capacité d'adaptation, facilité d'apprentissage et de compréhension pour répondre aux besoins de flexibilité et de polyvalence, et capacité d'adhésion à la raison d'être de l'entreprise et à son mode de management sont les nouvelles compétences recherchées par les entreprises. On parle ainsi de plus en plus souvent de « savoir être » (ou de « soft skills ») et moins de compétences métier. De la même façon que les entreprises s'attachent à développer leur « marque employeur », les situations de travail à venir pourraient ainsi contraindre de plus en plus les travailleurs à soigner leur image et à développer leur « marque travailleur » (tendance déjà à l'œuvre avec le développement du concept de "personal branding" ou marketing personnel[13]). Ce phénomène est encouragé par la plateformisation des relations de travail et le développement de l'auto-entrepreneuriat. Il est également renforcé par le poids des réseaux sociaux dans le cadre professionnel. Dans ce contexte, les compétences métier risquent d'être dévalorisées par rapport à des notions plus subjectives. Les exigences émotionnelles induites pourraient avoir des effets négatifs sur la santé mentale des travailleurs. Cette recherche de profils disposant d'un même système de valeurs et de comportements socio-culturels pourrait accentuer l'homogénéisation de certains milieux de travail et conduire à la discrimination de travailleurs ne disposant pas des mêmes codes sociaux malgré un bon niveau de compétences.

2- Quelles adaptations de la prévention envisager pour faire face à ces évolutions ?

Evolution du contexte et des conditions d'intervention des préventeurs

Intégrer la prévention des risques professionnels dans ces nouvelles formes d'organisation peut s'avérer complexe. Deux tendances, potentiellement amenées à se renforcer, rendent l'application des principes généraux de prévention difficiles à mettre en œuvre :

- **Une dilution de l'obligation de sécurité** : la construction de montages organisationnels toujours plus flexibles et éclatés (plateformes, sous-traitance en cascade, intérim) rend l'identification de l'employeur plus difficile et conduit par

[13] https://fr.wikipedia.org/wiki/Marketing_personnel

conséquent à diluer la notion de responsabilité. Parallèlement, une partie de plus en plus importante de la population active pourrait échapper au cadre classique de la prévention (intérimaires, saisonniers, indépendants…).

- **Le délitement des collectifs** : parallèlement, le développement du travail à distance, la diversification des statuts d'emploi ainsi que le développement de l'auto-entrepreneuriat mettent à mal les collectifs de travail. Ce délitement rend l'intervention du préventeur plus complexe : l'éclatement des lieux de travail qui se confondent parfois avec le domicile complexifie la mise en place de mesures de prévention collectives. La diversification des statuts de travailleurs conduit également à une disparité des conditions de travail au sein d'une même organisation et contribue à un affaiblissement du dialogue social et professionnel qui constitue un des principaux leviers de la démarche de prévention.

Ces deux phénomènes complexifient le suivi de l'état de santé des travailleurs aux trajectoires professionnelles protéiformes. Pour les services de prévention et de santé au travail, le travailleur est plus difficile à suivre, certaines expositions tendent à leur échapper et leur traçabilité sur le long terme est également plus complexe du fait de la discontinuité des carrières. Une clarification réglementaire concernant les personnes physiques et morales responsables en cas d'accidents du travail ou de maladies professionnelles devrait permettre à la prévention des risques d'être organisée tout au long de la chaîne de valeur. L'extension et l'homogénéisation des régimes d'assurance et de suivi de la santé des travailleurs faciliteraient le déploiement des politiques de prévention sur le terrain.

Pour parvenir à continuer d'agir efficacement en prévention, les différentes familles de préventeurs devront donc être en capacité de faire évoluer leurs pratiques.

Des opportunités de prévention à venir

Les mutations organisationnelles des modes de production peuvent être autant d'opportunités d'intégrer la prévention dans le pilotage de l'activité.

Ainsi, au niveau des entreprises, l'adoption de nouvelles technologies implique nécessairement des phases de conception. Si celles-ci sont conduites avec la volonté de préserver la santé des travailleurs, elles peuvent s'avérer bénéfiques. Il semble essentiel de prendre en compte les utilisateurs dès la conception de ces technologies, en se posant la question de savoir si elles correspondent à un réel besoin ou si elles sont adoptées pour suivre un mouvement général valorisant l'innovation et se plier à un certain déterminisme technologique. Que ce soit pour un cobot ou pour une tablette, il conviendrait de réfléchir en amont aux situations d'usage et de se projeter au plus près de l'activité réelle des travailleurs. Les instances représentatives du personnel peuvent s'emparer de ces questions et y jouer un rôle déterminant à la condition d'en avoir les moyens.

Par ailleurs, la décarbonation des filières peut également offrir l'opportunité de mettre au centre des discussions la question de l'impact des nouveaux processus de production sur la santé et la sécurité des travailleurs.

Enfin, les nouvelles technologies pourraient être mobilisées au service de la prévention, avec le recours à la robotisation pour faciliter ou alléger les tâches des travailleurs par exemple. Ici le préventeur se devra d'être vigilant sur la façon dont ces technologies sont mobilisées. Il devra notamment veiller à ce qu'elles soient rendues accessibles à tous les travailleurs, et adaptables dans le temps. Le suivi des données médicales par des moyens numériques, dans le cas d'organisation du travail à distance ou de recours à des travailleurs précaires, de même que l'analyse des données accumulées sur les accidents et presque accidents, peuvent aussi apporter des solutions pour objectiver des problématiques liées aux conditions de travail et préconiser des mesures de prévention collectives. La mutualisation des données collectées pourrait permettre d'affiner et harmoniser les indicateurs de santé et sécurité à un niveau sectoriel, national ou supranational. Concernant l'usage des données au bénéfice de la S&ST, le préventeur devra veiller à ce qu'il ne conduise pas à une individualisation de la prévention et que la confidentialité soit respectée.

Des stratégies de prévention à adapter

Pour pouvoir accompagner les changements à venir, les acteurs de la S&ST vont devoir adapter leurs pratiques. Pour cela, ils devront être en capacité de créer les conditions d'une approche collective de la prévention. Il s'agira sans doute d'une phase préalable aux interventions externes en S&ST de plus en plus souvent nécessaire dans des organisations aux collectifs fluctuants. Dans les entreprises ayant déjà une culture de la participation des salariés à l'organisation du travail, il s'agira de s'assurer que la prévention soit bien un objectif présent et débattu et que les conditions soient réunies pour assurer la qualité du dialogue. Dans les organisations où cette participation n'existe pas ou plus, le préventeur peut jouer un rôle de conseil et de promoteur des dialogues social et professionnel.

Un des rôles du préventeur dans ces nouvelles configurations sera donc de sensibiliser à la question du travail réel dans tous les espaces de discussion sur le travail. Cela suppose d'être en capacité de favoriser l'expression des salariés sur leur activité, et de renforcer les compétences et savoir-faire des préventeurs en la matière, en complément des compétences techniques en santé et travail qui demeurent « socles ». L'élargissement des profils de préventeurs nécessite de faire évoluer leur formation.

Dans des contextes où les leviers juridiques et assurantiels risquent d'être affaiblis, les préventeurs seront amenés à adapter leurs stratégies d'intervention auprès des entreprises. Il s'agira d'être en capacité de mobiliser l'entreprise sur la prévention en démontrant l'intérêt pour la performance globale. Cela implique, pour les intervenants, le développement de la compréhension des contextes économiques dans lesquels ils accompagnent les entreprises. Les enjeux de décarbonation et d'emplois en tension, poussent également au développement d'approches de prévention sectorielles et territoriales dans lesquelles les préventeurs pourront jouer un rôle important pour la mise en place de politiques visant la préservation de la santé des travailleurs tout au long de leurs carrières.

Une montée en compétence des préventeurs à prévoir sur de nouveaux sujets

Les évolutions des modalités de pilotage de même que l'influence de plus en plus importante des technologies vont amener les préventeurs à un travail de veille et d'information renforcé sur les innovations pour être en capacité d'assurer leur rôle de conseil auprès des entreprises. Il ne s'agira pas nécessairement de devenir un expert des technologies ou des nouvelles modalités de pilotage, mais d'être en capacité de comprendre les implications de celles-ci en termes d'organisation du travail et de santé physique et mentale. Ils devront s'impliquer dans la compréhension de la conception et du fonctionnement des algorithmes pour pouvoir émettre des recommandations et être en mesure de dialoguer avec les concepteurs et architectes de l'IA, de la même façon qu'ils sont aujourd'hui en mesure de dialoguer avec des architectes du bâtiment.

Les préventeurs seront amenés à faire évoluer leurs méthodes d'intervention pour une meilleure intégration des enjeux de S&ST aux orientations stratégiques des entreprises. Cela implique sans doute une évolution des compétences des professionnels de la prévention pour qu'ils aient une bonne compréhension des enjeux globaux de l'entreprise et soient en mesure d'investir le champ de l'organisation du travail, au-delà de leurs domaines techniques d'intervention. Les préventeurs devront entretenir et développer leur capacité à partir de données individuelles pour remonter à des propositions d'actions de prévention collectives. Ils devront également prendre leur place parmi les acteurs conseillant l'entreprise et se coordonner avec les autres intervenants pour être efficaces. Le profil des préventeurs actuellement très technique pourrait donc s'enrichir vers le champ de l'organisation du travail tout en visant la pluridisciplinarité et la complémentarité des profils.

MESSAGES CLES

En guise de conclusion à cet exercice consacré aux évolutions des modalités de pilotage de l'activité, le groupe de travail a identifié une série de messages clés qui sont présentés ci-dessous en trois catégories : dans un premier temps les préoccupations pour la S&ST que portent en elles les transformations des modalités de pilotage du travail à l'œuvre et à venir, puis les enjeux liés au contexte général encadrant la santé au travail et enfin des perspectives pour les acteurs de la prévention.

1- Points de préoccupation pour la S&ST :

- Dans les entreprises où les technologies sont positionnées au centre de l'organisation du travail (organisations techno-centrées), le recours aux technologies de l'information et de la communication dans le pilotage de l'activité peut conduire à plusieurs effets délétères :

  - Il peut prendre la forme d'un management algorithmique conduisant à une réduction du niveau d'encadrement humain et à un accroissement de l'écart entre le travail prescrit et le travail réel.

- Il peut induire une intensification du travail, qui pourrait être encore renforcée par le développement de la pluriactivité.

- Les nouvelles modalités de pilotage introduisent souvent des systèmes d'évaluation qui occultent les conditions de travail et notamment les ressources dont disposent les travailleurs pour réaliser leurs tâches : évaluations quantitatives centrées sur le résultat, sur la base de données collectées à distance, notations par les clients, usagers, collègues, au détriment d'une approche plus qualitative et compréhensive. Cette tendance vient encore renforcer l'écart entre travail prescrit et travail réel…

- La recherche de flexibilité dans les organisations, associée à une montée de l'individuation des travailleurs entraîne un risque de délitement des collectifs de travail, entravant le développement d'une culture de prévention.

- En réaction à la standardisation de la gestion des entreprises observée ces dernières décennies, un phénomène de foisonnement des modes de management alternatifs est à l'œuvre, souvent motivé par la recherche d'un modèle plus vertueux. Cette quête d'impacts sociétaux positifs peut parfois occulter les questions relatives à la S&ST et conduire à des problématiques nouvelles ou les accentuer (notamment le surengagement).

- Les organisations pourraient avoir de plus en plus de difficultés à aligner leurs pratiques sur leur discours. Les dissonances entre les valeurs affichées et le vécu des travailleurs pourront accroître les risques psychosociaux.

- Dans le cadre de ces nouvelles organisations, les compétences métiers issues d'une formation initiale et d'une expérience pourraient être de moins en moins valorisées au détriment de notions plus subjectives relevant du « savoir-être » ou des « soft skills ». Ceci pourrait avoir des conséquences sur les niveaux de connaissances des travailleurs concernant les risques liés à leurs activités et les savoir-faire de prudence. Ce phénomène peut être accentué par la réduction de l'encadrement de proximité.

2- Construire un contexte favorable à la prévention

- Certaines évolutions organisationnelles présentent le risque d'une dilution voire de la disparition de la responsabilité en matière de S&ST. S'agissant souvent d'une condition préalable à la mise en place d'une réelle politique de prévention, le maintien et la clarification des responsabilités constituent un enjeu important. La responsabilité pénale de l'employeur pourrait être mobilisée comme levier incitatif et non pas uniquement coercitif. Le levier d'image est sans doute une piste à explorer à l'avenir pour inciter les organisations à être exemplaires en prévention.

- L'intégration de l'ensemble des travailleurs sous un même régime d'assurance AT/MP serait de nature à faciliter et légitimer les interventions des préventeurs externes et à faciliter le suivi de l'état de santé de tous les travailleurs tout au long du parcours professionnel.

- Des espaces de délibération collective sur le travail devraient être intégrés à toutes les formes de pilotage de l'activité pour instaurer un dialogue social et professionnel effectif, permettant une amélioration des conditions de travail, sur la base du travail réel.

- L'intérêt en prévention du maintien d'un management de proximité, agissant quotidiennement au contact des opérateurs dans un rôle de soutien, et de relai auprès des directions, doit être rappelé dans des contextes où les organisations peuvent être tentées de réduire le nombre de strates hiérarchiques.

- La conception et l'intégration des technologies devraient systématiquement prendre en compte le travail réel et l'impact en S&ST tout au long du cycle de vie des équipements.

- L'objectif de décarbonation de l'économie va imposer des modifications des systèmes de production qui seront autant d'opportunités d'intégrer la prévention dans les modalités de pilotage qui les accompagneront, à la condition que cette préoccupation et les connaissances requises en la matière soient présentes chez leurs concepteurs.

- L'évolution des modes de production et les évolutions technologiques à venir accentuer les questions de maintien de l'employabilité des travailleurs tout au long de la carrière. Face à ces évolutions, un socle de connaissances intégrant les bases de la prévention, sera nécessaire en réponse au risque de pertes de compétences métiers et des savoir-faire de sécurité associés.

3- Perspectives pour les préventeurs

- Dans ces nouvelles organisations du travail, les préventeurs vont voir évoluer les modalités et la nature de leurs interventions. Celles-ci pourraient être de moins en moins souvent limitées à un champ purement technique. Ils pourraient être plus souvent amenés à :
    - Accompagner l'instauration d'un dialogue social et professionnel au sein des organisations où ils interviennent,
    - Accompagner les transformations techno-organisationnelles des entreprises (introduction de technologies, décarbonation des procédés, transformation des modes de management)

- Face à des effectifs hétérogènes, les préventeurs devront également savoir exploiter les données collectées sur les lieux de travail et auprès des travailleurs à de fins de prévention collective.

- Ces évolutions impliquent le développement d'une multidisciplinarité des profils de préventeurs, qui, au-delà de leur expertise technique (en chimie, en ergonomie, en acoustique…), devront disposer de compétences sur les technologies et leurs implications sur l'organisation du travail, mais également de connaissances relevant de la gestion, de l'économie ou de la sociologie des organisations.

- La diversification et la complexification des modalités de pilotage de l'activité nécessitent le développement d'une veille et d'une expertise sur les évolutions technologiques, industrielles et managériales et leurs conséquences en S&ST.

Comprendre les mutations du travail pour comprendre les risques psychosociaux

Johan JULY
Médecin du travail, Spécialiste en psychodynamique du travail

Comprendre les changements du monde du travail pour mieux en appréhender les difficultés et leurs conséquences sur la santé mentale des travailleurs.

Partout dans les médias, dans les entreprises, dans les usines, nous entendons parler de risques psychosociaux, de burnouts, d'épuisements professionnels. Outre le fait que ces formulations sont souvent mal comprises ou employées à mauvais escient, elles font souvent polémiques sur leur origine et leur justification. En effet, de nombreux détracteurs affirment (avec raison) que le travail a changé et que la pénibilité a fortement reculé avec l'industrialisation, la robotisation, la diminution du temps de travail, l'allongement des congés payés, etc.

Ainsi, l'origine de ce mal-être « contagieux » est tantôt expliquée par les nouvelles générations de travailleurs qui seraient moins enclins à s'investir, plus « instables », moins rigoureux, trop influencés par les réseaux sociaux, mais aussi par l'influence néfaste de la médiatisation de ces troubles qui entraînerait un phénomène de contagion…

Après avoir précisé quelques notions fondamentales, nous verrons dans cette étude que la vérité est probablement plus complexe, et que s'il est indiscutable que le monde du travail a changé, ce n'est certainement pas en se simplifiant ni en s'améliorant quant à ses conséquences sur le plan du stress cognitif engendré.

I - Les RPS, de quoi parle-t-on ?

Depuis plusieurs années, les RPS (risques psychosociaux) occupent le devant de la scène médiatique. Dans un premier temps par les scandales révélés chez France Télécom, puis progressivement pour expliquer l'absentéisme, le turnover, les démissions qui semblent avoir explosé ces dernières années.

Pour simplifier l'approche, nous nous contenterons de donner une brève définition de ce que sont les risques psychosociaux, à savoir,

« les risques professionnels qui portent atteinte à l'intégrité physique et à la santé mentale des salariés ».

Le risque s'entend comme la probabilité d'apparition d'un trouble ne s'accompagnant pas forcément d'une manifestation clinique. Par exemple, fumer présente un risque d'être atteint d'un cancer du poumon, mais tous les fumeurs ne développeront pas de cancer.

Depuis le rapport (Gollac en 2011), les RPS sont classés en 6 grandes familles que sont :

- Les exigences professionnelles ;
- Les exigences émotionnelles ;
- L'autonomie ;
- L'insécurité de l'emploi et du salaire ;
- Les rapports sociaux ;
- Les conflits de valeurs.

Sans entrer dans des détails inutiles, il est important de bien comprendre à quoi correspond chaque item.

A - Les exigences professionnelles, ou intensité et temps de travail.

Ce sont les contraintes de rythme de travail, l'existence d'objectifs irréalistes ou flous, la polyvalence imposée ou non maîtrisée, les instructions contradictoires, l'incapacité à créer un équilibre entre vie personnelle et professionnelle.
Ce sont également les horaires atypiques (travail de nuit, du week-end, travail posté), les horaires imprévisibles, etc.

B - Les exigences émotionnelles :

Elles concernent les métiers au contact de la souffrance ou de la détresse humaine (métiers du « care » ou du soin par exemple), mais également tous les métiers en contact avec le public où les salariés peuvent être confrontés à de la violence ou de l'agressivité (police, gendarmerie, mais également les métiers d'accueils ou relationnels). Tous ces métiers où il faut cacher ses propres émotions, simuler et paraître de bonne humeur, quelles que soient les circonstances.

C - Le manque d'autonomie

Être autonome dans son travail c'est avoir la possibilité d'en être l'acteur. C'est avoir des marges de manœuvre dans l'organisation de son travail, et pouvoir participer aux décisions qui concernent directement son activité, tout en ayant la possibilité d'utiliser et de développer ses propres compétences.

D - Les rapports sociaux

On regroupe dans cette famille les notions de justice organisationnelle (ou équité), le soutien social et l'équilibre entre efforts et récompenses, mais également les relations avec les collègues, la hiérarchie, les perspectives de carrière, et les procédures d'évaluation.

E - Les conflits de valeurs

Ce sont les conflits intrapsychiques qui résultent de la distorsion entre son travail et ses propres valeurs (professionnelles, sociales ou personnelles). C'est, par exemple, faire un travail que l'on juge inutile, de mauvaise qualité, ou contraire à son éthique.

D'après mon expérience personnelle, cette famille est probablement la plus impactante en matière d'atteinte à la santé mentale. En effet, la dévalorisation qui fait suite à ces conflits de valeurs peut entraîner un syndrome anxiodépressif directement en lien avec la dégradation de l'image que l'on a de soi.

Le dégoût de ce que l'on fait devient alors le dégoût de soi, avec une escalade qui peut aller jusqu'à l'atteinte de son intégrité physique et psychique (« Je me dégoûte », « je me déteste »).

F - Insécurité de l'emploi et du salaire

C'est l'insécurité socio-économique (salaires dépendant de tout ou partie du rendement ou du résultat, les contrats de travail précaires, les situations économiques préoccupantes de certaines entreprises), mais également les risques de changements non maîtrisés (fusions, restructurations, etc.). Enfin, le sentiment de ne pas être en mesure de tenir dans le temps sur son poste et dans les conditions de travail imposées constitue un risque psychosocial qui entre dans cette catégorie.

Après analyse de ces différentes familles, et contrairement à de nombreux a priori, il apparaît donc possible d'évaluer le risque psychosocial de façon simple, objective, reproductible et comparable !

Prenons l'exemple du métier d'infirmière :

En ce qui concerne **les exigences du travail**, les infirmières travaillent en horaires décalés, parfois de nuit. Elles sont régulièrement rappelées durant leurs repos pour « la continuité des soins » et pour parer à l'absentéisme ; elles se voient de plus en plus souvent imposer une polyvalence pour favoriser les remplacements « en interne » et par « solidarité institutionnelle ». Leur quantité de travail est souvent colossale, avec des objectifs de plus en plus quantitatifs et de moins en moins qualitatifs. Tout ceci avec des répercussions fortes sur leur vie personnelle, avec un équilibre vie personnelle/vie professionnelle très difficile à atteindre.

Sur le plan émotionnel, il est également indiscutable que dans la quasi-totalité des services où elles exercent, elles valident ce risque.

Si concernant **l'insécurité de l'emploi et du salaire**, cette profession semble tirer son épingle du jeu, le fait d'éprouver le sentiment de ne pas pouvoir tenir dans la durée fait partie des facteurs de risques psychosociaux, et là encore le voyant semble au rouge !

En ce qui concerne l'**autonomie** dans la tâche accomplie, et même si cela dépend aussi du service, du médecin, et du cadre de santé, elle est souvent réduite à peau de chagrin par des « protocoles » de plus en plus souvent imposés, parfois même au détriment du « bon sens », de l'expérience, ou de l'éthique.

Par manque de temps, de personnel, et de moyens, les infirmières deviennent alors les exécutantes de protocoles rédigés en dehors du contexte, et sans échanges avec leurs paires ou avec les médecins bien trop souvent absents, car eux aussi trop peu nombreux. Tout ceci entraîne indiscutablement une détérioration majeure du sens donné au travail et du sentiment d'utilité qui faisait le ciment de la détermination de ces professionnelles.

Le conflit de valeur est énorme dans ce métier à fortes responsabilités et à fortes contraintes tant professionnelles que familiales, où l'attractivité n'est souvent due qu'au sentiment d'utilité publique.

En ne donnant plus les moyens à ces professionnelles de faire un travail de qualité (par manque de personnel, d'écoute, d'équipement, de temps) on provoque chez elles un fort sentiment d'écœurement et de démotivation.

Si l'on ajoute à cela des modifications organisationnelles (sur lesquelles nous reviendrons) où tout conspire à « casser » les équipes, la coopération, la cohésion, avec une dégradation catastrophique des **rapports sociaux**, nous arrivons à un « carton plein » concernant la démotivation !

Rien de subjectif dans ces analyses où les chiffres peuvent étayer chacun de ces constats.

Rien de subjectif non plus dans les chiffres de la DREES (période d'observation entre 1989 et 2019), où 50 % des infirmières ayant commencé à travailler dans les années 2000 ont quitté l'hôpital public après seulement 10 ans d'exercice. Problème générationnel diront certains, mais on constate aussi 60 % de démissions chez leurs aînées sur la même période…

Avec cette méthode simple, structurée et en lien avec un rapport officiel de 2011 qui n'est pas contesté, on s'aperçoit qu'il est assez simple d'établir une analyse objective des risques psychosociaux. Plus important encore, il apparaît tout aussi simple d'être une force de proposition afin d'améliorer les conditions de travail, pour favoriser recrutement et fidélisation de ces professions clés pour nos sociétés.

Alors pourquoi cela n'est-il pas mis en œuvre ? Pourquoi ce rapport qui n'a rien de confidentiel n'est pas mieux exploité par nos directeurs, mais aussi et surtout par nos hommes politiques ?

Enfin, pourquoi la QVCT prend-elle petit à petit le devant de la scène, apparaissant de plus en plus souvent comme LA solution à la souffrance au travail ?

II - La qualité de vie et des conditions de travail (QVCT)

La qualité de vie et des conditions de travail remplacent de plus en plus souvent la terminologie RPS lorsque l'on parle de difficultés au travail ou de l'amélioration des conditions de travail.

Ainsi fleurissent un peu partout des « consultants du bonheur » qui proposent de multiples activités pour redynamiser les équipes, travailler la cohésion (le fameux team building et le séminaire qui va avec !), les machines de massages, les salles de pause, les cours de yoga, les panières de fruits frais, les animaux de compagnies au bureau, et que sais-je encore comme idée saugrenue !

« Docteur ? Vous êtes contre toutes ces choses merveilleuses que nous mettons en place pour nos salariés ? »

Contre n'est pas le mot exact, disons qu'en matière de qualité de vie au travail, je pense que la priorité n'est pas là.

À titre d'exemple, je dirais simplement que jamais je n'ai eu dans mon bureau un salarié effondré du fait que « Médor » ou « Tigrou » soient restés tout seuls à la maison… Par contre, les médecins du travail reçoivent quotidiennement des salariés littéralement épuisés par les rapports sociaux déplorables qu'entretiennent la mise en concurrence des salariés entre eux, les conflits de valeurs, le sentiment d'inutilité et d'incompréhension, les charges de travail qui explosent avec des demandes de traçabilité, de tableaux de bord qu'il faut remplir sans comprendre pourquoi et au détriment du « vrai » travail.

Mais alors que faire de cette notion de QVCT ?

Repartir de la définition :

« Sentiment de bien-être au travail perçu collectivement et individuellement qui englobe l'ambiance, la culture de l'entreprise, l'intérêt au travail, les conditions de travail, le sentiment d'implication, le degré d'autonomie et de responsabilisation, l'égalité, un droit à l'erreur accordé à chacun, une reconnaissance et une valorisation du travail effectué ? »

Comme pour les facteurs de risques psychosociaux, il me semble important d'en définir chacun des mots, afin de bien comprendre ce qu'est la QVCT.

« Sentiment de bien-être au travail […] » qui englobe :

1) L'ambiance de travail

Elle se définit le plus souvent par les relations des salariés entre eux, et leurs conditions de travail.

Selon la DARES, les conditions de travail « recouvrent les aspects matériels (contraintes physiques, moyens, conditions sanitaires, etc.), organisationnels (temps de travail, rythme de travail, autonomie, marge de manœuvre, etc.), et psychosociaux (relation avec les clients, la hiérarchie et les collègues, sentiment d'utilité, etc.), dans lesquels est exercée l'activité professionnelle. »

Si l'on établissait un parallèle avec les RPS, nous serions dans « les rapports sociaux », « exigences du travail », mais aussi « l'autonomie » et « les conflits de valeurs » (sentiment d'utilité).

Rien que pour ce premier item, on s'aperçoit que les dispositifs mis en place aujourd'hui en matière de QVCT sont assez loin de la définition initiale.

2) La culture de l'entreprise

Définir la culture d'une entreprise n'est pas chose aisée. Lorsque l'on recherche sur Internet, la première définition qui est donnée est la suivante : *« Aussi appelée culture organisationnelle, la culture d'entreprise est un ensemble de valeurs, de croyances, de normes et de comportements qui caractérisent une entreprise. C'est ce qui donne à celle-ci sa personnalité unique et ce qui détermine la façon dont les employés interagissent entre eux et avec les clients. »*

Concrètement, il s'agit de l'image que renvoie l'entreprise à l'extérieur, mais aussi à l'intérieur.

À notre époque d'intense communication et de promotion publicitaire, les entreprises investissent considérablement dans l'image qu'elles souhaitent donner « à l'extérieur » (respect de l'environnement, des animaux, des personnes, des normes, etc.)

Cependant, cette image fabriquée ne reflète en rien la culture de l'entreprise puisque pour être « vraie », elle devrait correspondre au vécu de l'ensemble des salariés qui y travaillent.
Or, force est de constater que très souvent l'image véhiculée par les publicités est à l'encontre de ce qui est vécu par les salariés au sein d'une même entreprise.

Ce constat dont les médecins du travail sont les premiers témoins provoque un sentiment de colère et de trahison vis-à-vis des salariés qui n'améliore en rien leur motivation.
Or, historiquement, c'est bien la culture des entreprises qui rendaient fiers nos aïeuls qui défendaient alors avec force et conviction leurs employeurs de l'époque. Chacun vantait les mérites de son entreprise, de son comité d'entreprise et ses avantages, de la politique managériale…

La fierté d'appartenir à un groupe, à la fonction publique, s'est étiolée avec le temps, et ce, bien avant la génération Y ou Z qui n'est en rien responsable de cette évolution.
Les nouvelles générations ont dû s'adapter à ces nouvelles normes où la méfiance a remplacé la confiance, et où l'individualisation a détruit les collectifs de travail.

Ainsi le sentiment d'appartenance a progressivement disparu dans l'esprit des nouveaux arrivants, créant un sentiment de solitude et donc d'insécurité qui explique probablement en partie l'infidélité de ces nouvelles générations à leur poste de travail.

Quand on accuse ouvertement ces jeunes d'être irrespectueux avec l'apparition du « ghosting » (de l'anglais ghost, « fantôme » est l'acte qui consiste à mettre fin à une relation avec une personne en interrompant sans avertissement ni explication toute communication et en ignorant les tentatives de reprise de contact de l'ancien partenaire), on oublie que ce n'est pas eux qui ont fixé les règles. Depuis le début de leur carrière, dès l'envoi de leur premier CV on leur a expliqué que « pas de réponse » signifiait « pas intéressé », que s'il n'y a personne au bout du fil ou pas de réponse au lien vidéo du rendez-vous « visio » initialement fixé, c'est que l'on a trouvé quelqu'un d'autre… Étonnamment quand ils appliquent les mêmes règles à ceux qui les ont fixées, on crie au scandale et à l'incompréhension.

3) L'intérêt du travail

Pour que le travail ait de l'intérêt, il faut indiscutablement qu'il ait du sens. Redonner du sens au travail devrait donc être la priorité des actions de QVCT. Nombre de salariés en souffrance dans nos cabinets se plaignent de cette perte de sens en lien avec l'absence de moyens, les modifications organisationnelles, la taylorisation des tâches, la destruction des collectifs, etc.
Ainsi, concernant les entreprises qui s'intéressent réellement et s'interrogent sur les actions à mener en termes de QVCT, je les encourage à questionner leurs salariés sur leur sentiment quant à la qualité de leur travail, et sur ce qui leur manque éventuellement pour améliorer ce sentiment.

Ici, en termes de RPS, il s'agit clairement de travailler sur le conflit de valeurs qui, comme nous l'avons vu, a un impact considérable sur la santé mentale des travailleurs.

4) Les conditions de travail

Comme nous l'avons vu dans la description de l'ambiance au travail, les conditions de travail regroupent assez largement les aspects matériels, organisationnels et psychosociaux de l'activité professionnelle.

5) Le sentiment d'implication

On peut retenir la définition par Michel Amiel de l'implication : « sentiment et identification de l'individu à l'organisation qui se traduit pour lui, par l'acceptation des valeurs et des buts de l'organisation, la volonté d'exercer des efforts au profit de l'organisation, l'intention de continuer à faire partie de l'organisation ».
Il existe donc ici une condition sine qua non à la notion d'implication qui réside dans l'acceptation des valeurs et des buts de l'organisation. On voit donc que ce sentiment est intimement lié à la culture de l'entreprise et aux valeurs partagées entre celle-ci et ses employés.

6) Le degré d'autonomie et de responsabilisation

Nous ne reviendrons que succinctement sur l'autonomie qui fait partie des RPS et dont nous avons déjà parlé, simplement pour préciser ce qu'elle n'est pas.

En effet, l'autonomie est parfois confondue avec l'esseulement. Être autonome au sein d'une entreprise c'est avoir des objectifs clairs et atteignables avec l'ensemble des moyens nécessaires (matériels, techniques, humains, temporels), et une deadline définie et réaliste. Le travailleur autonome a alors toute liberté pour atteindre son objectif et ne sera jugé que sur celui-ci.

Bien entendu cela suppose une confiance réelle et sincère entre l'entreprise et ses salariés car, sans confiance, il ne peut y avoir d'autonomie.

7) L'égalité

Au-delà du principe d'égalité qui peut parfois sembler utopique, ce qu'il est primordial de conserver ici c'est un sentiment d'équité au sein des équipes et des travailleurs.

Rien n'est plus démotivant que d'avoir le sentiment que la reconnaissance ne se fait pas au mérite, mais au « piston ». En effet, pourquoi se donner la peine de « bien travailler », de « beaucoup travailler » si je ne tire aucun bénéfice de mon travail ? Pire, si le bénéfice revient à celui qui « travaille peu ou mal », mais qui connaît la bonne personne ?

Cette évidence qui peut prêter à sourire par sa banalité me semble pourtant primordiale à repréciser tellement elle me semble ignorée dans la réalité de terrain.

8) Le droit à l'erreur accordé à chacun

Contrairement à ce que l'on pourrait croire, le droit à l'erreur n'est pas un cadeau unilatéral pour le salarié ni une faiblesse managériale dans un monde édulcoré, bien au contraire.

Réitérer sa confiance à un travailleur lorsqu'il commet une faute occasionnelle est un outil managérial très profitable. En effet, l'impact motivationnel qu'aura ce soutien dans cette phase délicate et douloureuse pour le travailleur sera des plus avantageux.

Inversement, sanctionner, menacer, critiquer l'erreur (qui reste humaine) vis-à-vis d'un travailleur, lorsque celui-ci a toujours été irréprochable, est la meilleure façon de le démotiver ou de l'inciter à partir.

Bien entendu l'erreur doit être isolée et bénigne, mais le DRH qui sait être magnanime dans une telle situation obtiendra un soutien et une reconnaissance très utile pour son propre poste.

Car la confiance que l'on vous accorde a un prix, celui d'en être digne. Bien entendu il y aura toujours ceux qui s'en joueront, mais ils restent une minorité. La plupart des gens ont envie, ont besoin d'être dignes de la confiance qu'on leur accorde. Ils se sentent responsables et redevables tout en ressentant satisfaction et fierté face à cette situation. Plus volontaire, moins regardant, plus positif : le droit à l'erreur, c'est du gagnant-gagnant !

En termes de RPS, c'est jouer sur les rapports sociaux tout en donnant du sens au travail.

9) Une reconnaissance et une valorisation du travail effectué

Là encore cette autre évidence peut prêter à sourire, pourtant, tout comme nous sommes plus enclins à répondre à une enquête de satisfaction quand nous sommes déçus plutôt que lorsque nous sommes satisfaits, il est malheureusement naturel d'exprimer plus facilement son mécontentement que sa satisfaction.

Il est donc primordial pour tout manager de prendre le temps et l'habitude de débriefer régulièrement tant sur le positif que le négatif.

Là encore, en termes de RPS, nous sommes essentiellement dans les rapports sociaux.

Cette petite analyse portant sur la définition de la QVCT montre à quel point, la prendre en compte permet de lutter efficacement contre les RPS. Cela confirme également la frustration, voir l'agacement que l'on peut ressentir dans ce qui est proposé aujourd'hui en matière de QVCT au sein des entreprises.

III - L'évolution du monde du travail, pas si « rose » que ça

1) Le tournant gestionnaire et le New Public Management

Dans les années 1980, le monde du travail prend un virage décisif. En effet, peu à peu, les « financiers » remplacent les ingénieurs et autres « gens du métier » dans l'organisation et le management du travail. Pour rentabiliser le travail, ces « financiers » privilégient un ensemble de tâches qu'il est possible de morceler, de répéter. Puis, la taylorisation s'étend au travail tertiaire, le vidant par là même de tout son sens.

Ainsi l'assureur ne prend plus en charge son client dans sa démarche d'indemnisation, mais à grands coups de fusion, c'est l'assurance qui prend en charge le sinistre. Si ce détail peut sembler dérisoire, il ne l'est absolument pas en matière de sens à donner au travail.

La plupart du temps, les employés de ces assurances ne connaissent pas les clients ni la finalité des dossiers qu'ils traitent. Cette taylorisation vide de sens la plupart des métiers, et la rentabilité est privilégiée au détriment du sens que prenait le travail.

La fonction publique n'échappe pas au phénomène avec le New Public Management.

Historiquement, la fonction publique est née de la nécessité pour l'État de prendre à sa charge des services et fonctions qui, par définition, n'étaient pas rentables. La mission du fonctionnaire était donc de rendre service aux citoyens avant toute autre préoccupation (Arrêt de 1937, le Conseil d'État a reconnu que les fonctionnaires se trouvaient « vis-à-vis de l'administration dans une situation statutaire et réglementaire ». Il a ainsi implicitement abandonné la théorie du fonctionnaire contractuel « au motif que la fonction publique n'est pas un métier comme les autres, mais une fonction au service de l'intérêt général »).

Par la suite, il sera inscrit dans la loi une notion de probité et d'exemplarité pour le fonctionnaire (loi n° 83-634 du 13 juillet 1983 portant droits et obligations des fonctionnaires).

Avec des réformes successives qui réorganisent en permanence le travail, le NPM pèse de plus en plus sur les agents comme sur leur hiérarchie.

Non seulement les agents ont l'impression que ces réformes les empêchent de travailler, mais encore que le travail réalisé est mal fait !

Ainsi, le fonctionnaire mis au service du citoyen dans des missions clés comme l'éducation, la santé, la protection sociale, la justice, devient le bras armé d'une maltraitance institutionnalisée ou, a minima, vécue comme telle.

Pour le fonctionnaire, le sens du travail et les valeurs qu'il avait mis au centre de son choix professionnel sont sacrifiés sur l'autel d'une rentabilité inintelligible.

Comble de l'incohérence, partout fleurissent des discours sur la bienveillance et la bientraitance, alors que tout est fait pour empêcher la mise en œuvre de ces principes. Cette contradiction devient tellement flagrante qu'elle participe au mal-être de professionnels qui deviennent non seulement acteurs, mais aussi initiateurs de cette incohérence.

On se retrouve dans une organisation « paradoxante » où « les outils mis en place pour améliorer l'efficience sont en fait des outils qui mettent les agents dans des injonctions paradoxales » (Vincent de Gauléjac).

Ces injonctions paradoxales vont nuire fortement à la santé physique et mentale des agents.

2) La précarité des emplois et des espaces de plus en plus impersonnels

Parallèlement à cela, les entreprises et l'organisation du travail ont évolué. Progressivement sont apparus les « Open Space » puis, avec la COVID, l'explosion des « Flex Office ». Ces espaces de plus en plus impersonnels, où la surveillance devient collective, détruisent toute

autonomie et créent souvent un sentiment d'insécurité et de perte de sens.
Insécurité en matière d'emploi puisque consciemment ou inconsciemment, le travailleur est réduit à un élément parmi tant d'autres, où chacun est interchangeable et nul n'est indispensable.

Le flex office qui consiste à faire tourner les salariés sur des bureaux communs ajoute une nouvelle dimension à la dépersonnalisation de ces espaces de travail.
En effet, si parfois cette alternance est programmée en fonction des plannings des travailleurs présents et des télétravailleurs (par exemple), il arrive aussi que rien ne soit prévu ni nécessaire. Ainsi chaque travailleur doit rechercher chaque matin un bureau disponible pour pouvoir s'y installer.

Outre le stress évident qui en résulte, les salariés sont parfois obligés d'arriver beaucoup plus tôt que l'heure réglementaire pour espérer travailler dans des conditions optimales.

Cette nouvelle compétition aggrave un climat qui est déjà souvent délétère au sein des institutions avec la généralisation des « primes », et par conséquent la mise en concurrence systématique des salariés entre eux.

3) La destruction des collectifs

a. Le lean management

Optimiser pour la performance à tout prix !

Le Lean Management, ou gestion allégée, est une approche systémique visant à améliorer l'efficacité et la qualité des processus au sein d'une organisation. Originaire du secteur automobile japonais, notamment chez Toyota, cette méthode a été développée pour réduire le gaspillage tout en augmentant la valeur ajoutée pour le client. Aujourd'hui, le Lean Management est applicable dans divers secteurs, allant de l'industrie à la santé, en passant par les services.

Principes fondamentaux du Lean Management

Le Lean repose sur plusieurs principes clés. Le premier étant la valeur qui doit être définie du point de vue du client. Cela signifie que toutes les activités qui n'ajoutent pas de valeur pour le client doivent être considérées comme du gaspillage. Le deuxième principe est la cartographie des flux de valeur consistant à visualiser toutes les étapes du processus pour en identifier les inefficacités. Ensuite, le Lean promeut l'amélioration continue, ou Kaizen, qui encourage les employés à proposer des améliorations, même mineures, pour optimiser les processus.

Les types de gaspillage

Le Lean Management identifie sept types de gaspillage (ou « Muda ») : la surproduction, l'attente, le transport, le surprocessing, l'inventaire, le mouvement et les défauts. Chacun de ces gaspillages représente une perte de ressources qui peut être évitée. Par exemple, la surproduction entraîne des coûts supplémentaires liés au stockage, tandis que les défauts nécessitent des retouches et augmentant donc le temps de réalisation et les ressources nécessaires.

Outils et techniques

Pour mettre en œuvre le Lean Management, plusieurs outils et techniques sont mobilisés. Le 5S, par exemple, est une méthode qui vise à organiser et standardiser l'espace de travail pour le rendre plus efficace. Les diagrammes de Pareto, les cartes de contrôle et les analyses de causes profondes (comme le diagramme d'Ishikawa) sont également couramment utilisés pour identifier et résoudre les problèmes.

Un double tranchant pour la santé mentale des salariés

Le Lean Management, bien qu'efficace pour optimiser les processus de fabrication et réduire les coûts, suscite des réserves croissantes concernant ses conséquences sur la santé mentale des salariés. Initialement conçu pour améliorer l'efficacité opérationnelle, le Lean peut dans certains contextes, engendrer un environnement de travail stressant et épuisant.

Une pression accrue sur les employés

L'un des principaux aspects du Lean Management est la recherche incessante de l'efficacité. Cela se traduit souvent par une pression accrue sur les employés, pour leur permettre d'atteindre des objectifs de performance de plus en plus ambitieux. Les délais serrés, et l'exigence de résultats rapides peuvent créer un climat de stress permanent. Les salariés se sentant souvent contraints de travailler plus vite, ce qui peut entraîner une diminution de la qualité de leur travail et un sentiment d'insatisfaction.

La culture de la performance

Le Lean Management favorise une culture de la performance où chaque erreur est scrutée, et les résultats constamment mesurés. Cette surveillance peut engendrer un sentiment d'anxiété chez les employés qui craignent alors d'être jugés ou de perdre leur emploi en cas de non-conformité par rapport aux normes établies. Ce climat de compétition peut également nuire à la collaboration entre collègues, car les employés peuvent alors devenir réticents à partager des informations ou à demander de l'aide, par crainte d'être perçus comme moins performants.

L'imprévisibilité et l'instabilité

Dans un environnement Lean, les changements sont fréquents et parfois imprévisibles. Les employés peuvent être confrontés à des réorganisations constantes, à des modifications de processus, ou à des suppressions de postes. Cette instabilité peut engendrer un sentiment d'insécurité et de perte de contrôle affectant la santé mentale des salariés. Le manque de prévisibilité dans leurs tâches quotidiennes peut également générer de l'anxiété et du stress.

L'épuisement professionnel

Le Lean Management, en mettant l'accent sur l'efficacité à tout prix, peut également contribuer à l'épuisement professionnel. Les employés peuvent se sentir épuisés par des horaires de travail prolongés, des objectifs hors d'atteinte et un manque de reconnaissance de leurs efforts. L'épuisement professionnel, ou burnout, est un problème de plus en plus reconnu dans le monde du travail, il est par ailleurs souvent exacerbé par des pratiques de gestion ne tenant pas compte du bien-être des employés.

Vers un équilibre durable

Il est essentiel, pour les entreprises qui adoptent le Lean Management, qu'elles prennent en considération les impacts potentiels de cette méthode sur la santé mentale de leurs employés. Pour cela, une approche équilibrée est nécessaire. Cela peut inclure la mise en place de programmes de soutien psychologique, la promotion d'une culture de la reconnaissance, et la création d'un environnement de travail où les employés se sentent valorisés et écoutés. En intégrant le bien-être des salariés dans leur stratégie Lean, les entreprises peuvent non seulement améliorer leur performance, mais aussi favoriser un climat de travail sain et durable.

b. L'évaluation individuelle des performances avec une mise en concurrence quasi systématique des salariés entre eux

Évaluation individuelle des performances et mise en concurrence des salariés : une perspective psychodynamique.

Dans le monde du travail contemporain, l'évaluation individuelle des performances est devenue une pratique courante, souvent perçue comme un outil de motivation et d'amélioration. Cependant, à travers le prisme de la psychodynamique du travail, il est essentiel d'examiner les effets collatéraux de cette approche sur les salariés, et sur l'organisation du travail dans son ensemble.

Constats :

La mise en concurrence des salariés, souvent encouragée par des systèmes d'évaluation basés sur des critères quantitatifs, peut engendrer une atmosphère de rivalité au sein des équipes. Les employés se retrouvent alors dans une position où ils doivent, non seulement performer, mais aussi surpasser leurs collègues. Cette dynamique peut sembler bénéfique à première vue, car elle pousse à l'excellence. Cependant, elle peut également créer un climat de méfiance et de stress. Les salariés peuvent ressentir une pression constante afin de prouver leur valeur, ce qui peut nuire à leur bien-être psychologique.

De plus, cette approche peut conduire à une vision réductrice de la performance, où les compétences interpersonnelles et la collaboration sont souvent négligées. Les employés peuvent se concentrer sur des objectifs individuels au détriment de l'esprit d'équipe, ce qui peut finalement affecter la productivité globale de l'organisation. La psychodynamique du travail souligne l'importance des relations humaines, et de la reconnaissance des contributions collectives qui sont souvent mises de côté dans un système de compétition.

Conséquences :

Les conséquences de cette mise en concurrence peuvent être multiples. Sur le plan individuel, les salariés peuvent développer un sentiment d'anxiété, de burnout ou même de dépression. La peur de l'échec et le besoin constant de se comparer aux autres peuvent engendrer une détérioration de la santé mentale. À long terme, cela peut également entraîner un turnover élevé, les employés cherchant des environnements de travail plus sains et plus collaboratifs.

Sur le plan organisationnel, une culture de compétition peut nuire à l'innovation. Les salariés, préoccupés par leur performance individuelle, peuvent hésiter à partager des idées ou à collaborer, de peur que cela nuise à leur évaluation personnelle. Cela peut également créer des silos au sein de l'entreprise, où les départements travailleront alors en opposition plutôt qu'en synergie.

En conclusion, bien que l'évaluation individuelle des performances puisse sembler être un moyen efficace d'optimisation du travail, il est crucial de considérer ses implications psychodynamiques. Une approche plus équilibrée, qui valorise à la fois la performance individuelle et la collaboration, pourrait non seulement améliorer le bien-être des salariés, mais aussi renforcer la cohésion et donc l'innovation au sein des équipes. Les organisateurs doivent donc réfléchir à des méthodes d'évaluation qui encouragent la coopération plutôt que la compétition, afin de créer un environnement de travail plus sain et plus productif.

c. La négation du travail réel

Pour le psychodynamicien, le travail c'est « ce qui n'est pas déjà donné par l'organisation théorique du travail ». C'est donc tout ce que les hommes et les femmes s'ingénient à inventer pour trouver les meilleurs compromis entre ce qu'ils doivent faire, ce qu'il leur est possible de faire, et ce qu'ils souhaiteraient faire, compte tenu de ce qu'ils pensent être le juste ou le bien.

En psychodynamique, travailler c'est donc tenter de pallier la différence qui existe entre « travail prescrit » et « travail réel ».

Extrait de Christophe Dejours : « L'évaluation du travail à l'épreuve du réel ». Critique des fondements de l'évaluation. Une conférence-débat organisée par le groupe Sciences en question, Paris, INRA, 20 mars 2003, Editions Quae.

« En effet, les situations de travail ordinaires sont grevées d'événements inattendus, de pannes, d'incidents, d'anomalies de fonctionnement, d'incohérences organisationnelles, d'imprévus provenant aussi bien de la matière, des outils et des machines, que des autres travailleurs, des collègues, des chefs, des subordonnés, de l'équipe, de la hiérarchie, des clients même. Il faut le reconnaître, il n'existe pas de travail d'exécution. De fait, apparaît toujours un décalage entre le prescrit et la réalité concrète de la situation. Ce décalage entre le prescrit et l'effectif se retrouve à tous les niveaux de l'analyse entre tâche et activité, comme l'ont montré plusieurs auteurs, en particulier Daniellou. D'autres, je pense à Jean-Daniel Reynaud en particulier, ont analysé ce décalage, toujours, entre ce qu'on appelle organisation formelle et organisation informelle du travail.
Travailler, c'est combler l'écart entre le prescrit et l'effectif. Or, ce qu'il faut mettre en œuvre pour combler cet écart ne peut pas être prévu à l'avance. »

Beaucoup d'organisations du travail nient le travail réel et jugent, évaluent, programment uniquement le travail prescrit. Plus grave encore, elles refusent la discussion autour de l'écart qui peut exister entre les deux, et la nécessité de revoir parfois les procédures pour coller au plus juste du travail effectif.

Cette négation du travail réel a un impact fort sur le sentiment d'injustice, d'iniquité, de perte de sens, de charge de travail, voire de conflit de valeur lorsque les procédures prescrites vont à l'encontre ou au détriment du travail réel.

Avoir des espaces de discussion pour parler du travail réel s'avère probablement être la meilleure façon d'organiser le travail au sein des entreprises, afin d'anticiper les difficultés tout en motivant les équipes.

d. La polyvalence

La polyvalence se développe dans de très nombreux secteurs d'activité, dans le privé comme dans la fonction publique (polyvalence des postes dans l'industrie, mais également dans des métiers plus spécialisés comme celui d'infirmière).

Cette polyvalence est parfois défendue en matière de TMS (troubles musculo-squelettiques) dans les chaînes de montage au sein de l'industrie, mais elle est également défendue en ce qui concerne la nécessité de continuité de service dans les hôpitaux. Elle éviterait « l'ennui » et serait même stimulante pour certains…

La polyvalence s'imposerait donc comme la méthode miracle contre l'absentéisme et les TMS, tout en stimulant l'intérêt et la motivation des salariés. Si ce postulat peut s'avérer plus ou moins exact lorsque la polyvalence est choisie par les salariés, dans la réalité de terrain les choses sont tout autres lorsqu'elle est imposée. En effet, la polyvalence entraîne indiscutablement une diminution voire une abolition de l'expertise.

L'ouvrier d'atelier, le conducteur de machine, qui étaient experts dans leur domaine, une référence dans l'entreprise, et un formateur incontournable, deviennent très souvent des novices maladroits. En effet, l'expertise s'acquiert sur le terrain, avec l'expérience, avec le temps. Pour être réelle, elle doit être reconnue par les pairs, par les gens de métiers. Il s'agit donc le plus souvent de travailleurs d'un certain âge, fiers de ce qu'ils font et de leur parcours professionnel.

Pour les anciennes générations, l'évolution des processes, des machines et de l'informatisation, rendent souvent difficile l'apprentissage aux nouvelles techniques.

Parfois mis en échec, parfois s'adaptant avec succès, mais toujours difficilement et avec le sentiment de n'être plus « expert » en rien, ils sont contraints de subir ces changements imposés.

Dégradation de l'estime de soi (conflit de valeur), détérioration du climat social (tensions dans les équipes, conflits générationnels), on comprend aisément pourquoi cette polyvalence fait partie des RPS dans la famille des « exigences du travail », mais également de certaines interactions des différents RPS entre eux.

Toutes ces nouvelles méthodes d'organisation du travail ont donc un impact majeur sur les conditions de travail puisqu'elles déstructurent les solidarités et l'entraide dans le monde du travail, tout en désorganisant la civilité et le vivre ensemble dans la cité.

En effet, *« le chaînon intermédiaire crucial de la coopération est celui de l'espace de délibération où se joue l'activité déontique. C'est un espace qui exige, du point de vue de l'intelligence, le développement de deux compétences spécifiques : d'une part, la capacité de parler de son travail devant les autres, et avec eux, c'est-à-dire de témoigner de sa pratique, ce qui implique l'apprentissage de la parole en public, de la capacité de défendre un point de vue, d'exprimer une opinion et de la justifier ; d'autre part la capacité d'écouter la parole de l'autre, au risque de l'entendre. L'espace de délibération structuré autour de la parole et de l'écoute a la même structure que l'espace public. Participer à l'espace de délibération et apporter une contribution à l'activité déontique, c'est, in statu nascendi, faire l'apprentissage de la démocratie. »*[14]

Conclusion

Le monde du travail change, mais la culture des entreprises change aussi, et à travers elle, c'est la société tout entière qui se modifie.

L'individualisation est recherchée dans les entreprises avec la mise en concurrence, le lean management, l'évaluation individuelle des performances, et cette individualisation a un coût terriblement négatif pour la santé mentale des travailleurs.

La démotivation des nouvelles générations, le turnover, les difficultés de recrutement, les mouvements démissionnaires trouvent des explications simplistes avec des coupables tout désignés.

Ainsi la COVID est rendu responsable de la « grande démission » qui a débuté aux États-Unis en 2020 suite à la pandémie ayant touché les Américains dont 38 millions ont alors quitté leur emploi en 2021, afin de rééquilibrer leur vie personnelle et

---

[14] DEJOURS Christophe, « Psychodynamique du travail et politique : quels enjeux ? », Travailler, 2016/2 (n° 36), p. 75-90. DOI : 10.3917/trav.036.0075. URL : https://www.cairn.info/revue-travailler-2016-2-page-75.htm

professionnelle. En France, entre fin 2021 et 2022, on enregistra 520 000 démissions par trimestre, dont 470 000 CDI (selon la DARES), ce qui constitue un niveau historique.

Si la COVID a indiscutablement accéléré le phénomène, il n'en est cependant pas responsable. Ce fut pour retrouver un équilibre familial, quitter un travail jugé inutile ou aliénant, arrêter de subir des contraintes en inadéquation avec les revenus perçus que ces démissions ont eu lieu, et non à cause de la COVID !

Une analyse simple des conditions de travail avec une grille d'évaluation des risques psychosociaux permet de comprendre rapidement les difficultés des travailleurs sur leur poste de travail.

Des pistes d'actions et d'améliorations apparaissent alors aisément pour ceux qui acceptent de remettre en question les dictats managériaux actuellement en vogue.

Arrêtons de chercher des coupables ou des excuses aux situations dramatiques que nous vivons, et concentrons-nous sur les solutions simples à apporter dans l'amélioration des conditions de travail.

Je n'ai pas les compétences pour chiffrer le gain financier que représenteraient ces nouvelles organisations du travail, mais il me semble évident qu'en comparaison avec le coût humain actuellement observé, et les résultats socio-économiques constatés (absentéisme, arrêt maladie, médications, baisse de motivation, turnover, etc.) il apparaîtrait clairement que la société sort déficitaire des changements actuels.

Redonnons du sens aux métiers en permettant aux travailleurs de faire du travail de qualité, d'être reconnus pour leur travail et de vivre de leur travail.

C'est la seule réponse à cette crise mondiale du travail qui ne traduit pas une supposée désaffection de ses valeurs, mais qui témoigne plutôt de l'effet de sape qu'exercent sur le moral et la motivation des travailleurs les nouvelles méthodes managériales.

Deuxième partie

Les nouvelles frontières du temps de travail

Repenser le temps de travail ?

Michel MINÉ
Professeur du Conservatoire national des Arts et Métiers
Titulaire de la chaire Droit du travail et droits de la personne,
Lise/Cnam/Cnrs,
Racse

Ce colloque se tient 80 ans après la signature de la Déclaration de Philadelphie, le 10 mai 1944[15], texte essentiel du versant des droits sociaux, économiques et culturels des droits de l'Homme. Cette Déclaration de l'Organisation internationale du travail donne des repères pour l'instauration, dans chaque pays, d'un *régime de travail réellement humain* par « l'emploi des travailleurs à des occupations où ils aient la satisfaction de donner toute la mesure de leur habileté et de leurs connaissances et de contribuer le mieux au bien-être commun. »

Pour que le régime de travail soit humain, la justice sociale doit être instaurée au sein du travail, pas seulement dans son environnement (temps de travail notamment) et ses contreparties (rémunération en particulier). Il est nécessaire que le travail soit humanisé, dans son contenu et son sens, et soit libéré de l'oppression[16].

Ainsi, repenser le temps de travail implique de repenser le travail. Cette question s'avère d'une grande actualité à l'heure de la transformation du travail, liée à de multiples facteurs : transition écologique, révolution technologique, évolutions démographiques et sociologiques. En cette période de mutation complexe, pour identifier les solutions pertinentes, pour « adapter le travail à l'homme »[17], l'expérience du travail, « l'intelligence du travailleur »[18], doit pourvoir s'exprimer[19] et être prise pleinement en compte.

---

[15] A. Supiot, *L'Esprit de Philadelphie. La justice sociale face au marché total*, Seuil, 2010.

[16] S. Weil, *Réflexions sur les causes de la liberté et de l'oppression sociale*, Gallimard, 1955, Folio essais 1998.

[17] C. travail, art. L. 4121-2-4° (Directive n° 2003/88 du 4 nov. 2003, spéc. art. 6).

[18] Selon la formule du professeur d'ergonomie Alain Wisner (Cnam).

[19] C. travail, art. L. 2281-1 al. 1, « Les salariés bénéficient d'un droit à l'expression directe et collective sur le contenu, les conditions d'exercice et l'organisation de leur travail. »

Le temps de travail est un paramètre important d'un régime de travail humain. Repenser le temps de travail implique d'examiner le droit du temps de travail (I) et en particulier ses normes d'application (II).

I. Objet, nature et fonctions du droit du temps de travail

Pour aborder le temps de travail, le droit applicable et pour repenser ce droit, plusieurs paramètres sont à prendre en compte.

Il s'agit tout d'abord de la mesure du temps de travail. Quels temps constituent du temps de travail ? Ce débat, ancien, au cœur des conflits sociaux du XIXème siècle, resurgit face aux initiatives pour réduire la durée du travail. Le droit national avec sa définition du « temps de travail effectif »[20], de conception productiviste, n'est pas encore en harmonie avec le droit de l'Union européenne et sa définition du « temps de travail »[21], axée sur la protection de la santé au travail. Le droit national doit ici être modifié pour mieux prendre en compte les exigences de santé en matière de temps de travail comme le fait le droit de l'Union européenne, notamment à travers sa jurisprudence[22], et comme le prévoit le droit du Conseil de l'Europe, à travers les décisions du Comité européen des droits sociaux[23]. Cependant, les pouvoirs publics en France, refusent de transposer des dispositions protectrices européennes, provenant du droit de l'Union européenne ou du droit

---

[20] C. travail, art. L. 3121-1.

[21] Dir. n° 2003/88, préc., art. 2.

[22] Jurisprudence sur des temps qualifiés de temps de travail :

* les équivalences : CJCE 1er déc. 2005, C-14/04,
* les astreintes : CJUE, 9 mars 2021, C-344/19 et C-580/19,
* le temps de déplacement : CJUE 15 oct. 2015, C-266/14,
* le temps de pause : CJUE, 9 sept. 2021, C-107/19,
* le temps de formation professionnelle : CJUE 28 oct. 2021, C-909/19,
* etc.

Pour le juge de Luxembourg, « Les différentes prescriptions en matière de durée maximale de travail et de temps minimal de repos constituent des règles du droit social de l'Union revêtant une importance particulière dont doit bénéficier chaque travailleur et dont le respect ne saurait être subordonné à des considérations de caractère purement économique. »

[23] Réseau académique pour la Charte sociale européenne (RACSE), *La Charte sociale européenne, Commentaire*, *Brill*, 2023.

international du Conseil de l'Europe[24]. Mais confronté à ce refus, le juge national parvient à palier en partie les carences de la loi[25].

Il s'agit ensuite du volume du temps de travail. Il convient de distinguer la durée du travail légale, la durée conventionnelle et la durée réelle. En effet, ce volume n'est pas imposé par la norme étatique. La loi fixe une durée légale, qui peut être dépassée dans la limite de durées maximales, hebdomadaires et quotidienne. Les accords collectifs, d'entreprise et de branche, peuvent fixer des durées conventionnelles inférieures à la durée légale, des durées maximales de travail inférieures aux durées légales.

La loi fixe également des durées de repos minimums, quotidiens et hebdomadaire ; les textes conventionnels pouvant prévoir des durées supérieures. La France a tardé à pleinement respecter les règles fixées au niveau européen notamment au sujet d'un droit fondamental : le droit aux congés payés du salarié malade. Après la condamnation de l'État par le juge administratif[26] et l'application par le juge judiciaire du droit de l'Union européenne *contra legem*[27], le gouvernement a enfin, 15 années après la décision du juge de Luxembourg[28], réformé le Code du travail pour permettre à un salarié en arrêt de travail pour maladie de continuer à acquérir des droits à congés payés. Cependant, la mise en conformité demeure partielle, ayant maintenu une discrimination entre salariés au regard de leur état de santé[29].

Il s'agit enfin de la répartition du temps de travail et du cadre de mesure du temps de travail. La répartition et les variations du temps de

---

[24] Not. lors du vote de la « loi Valls-El Khomri » du 8 août 2016.

[25] Une illustration, la jurisprudence sur le temps de déplacement des travailleurs itinérants : suivant les circonstances, ce temps peut être qualifié de « temps de travail effectif », Soc. 23 nov. 2022, n° 20-21.924, BR.

[26] CAA Versailles, 17 juill. 2023, *RDT* 2023-707.

[27] Soc. 13 sept. 2023 (4 arrêts), *RDT* 2023-639. J. Mouly, « Le revirement relatif au droit à congé pays - Une jurisprudence pas tout à fait nouvelle », *Dr. soc.* 2024-174.

[28] CJCE, gde ch., 20 janv. 2009, C-350/06 et C-520/06.

[29] Selon la loi n° 2024-364 du 22 avril 2024, le salarié pendant son arrêt de travail pour maladie acquiert des jours de congés payés (C. travail, art. L. 3141-5, 7°), mais seulement 2 jours par mois soit 4 semaines par an (au lieu de 2,5 jours par mois et 5 semaines par an, pour les salariés n'ayant pas eu d'arrêt de travail pour maladie ou ayant eu un arrêt causé par un accident du travail ou une maladie professionnelle). « Congés payés/arrêt maladie : des apports de l'UE non intégrés dans le Code du travail (Loi 22 avril 2024) » https://blogs.alternatives-economiques.fr/michelmine/2024/04/11/conges-payesarret-maladie-des-apports-de-l-ue-non-integres-dans-le-code-du-travail-loi-22-avril-2024

travail peuvent être réalisées par le biais de différentes normes (décision unilatérale de l'employeur, accord collectif, d'entreprise et de branche). Le cadre d'appréciation du temps de travail comprend la journée, la semaine et l'année (parfois une durée de trois ans[30]).

Le droit du temps de travail est le laboratoire des évolutions du droit du travail[31]. Ce droit est complexe du fait de la grande diversité du monde du travail au regard de nombreux paramètres (secteurs d'activité, taille des entreprises, qualification des salariés, etc.) et des accords dérogatoires prévus à la demande d'organisations patronales. Les règles mises en œuvre favorisent ou entravent l'effectivité des droits de la personne.

A. Des fonctions du droit et leur construction dans le temps

Le temps de travail appliqué dans une entreprise devrait résulter d'un compromis entre :

- les « nécessités liées au fonctionnement de l'entreprise » (des gestionnaires d'entreprises exprimant des « besoins » en terme de « flexibilité »[32] et de baisse du coût du travail) ;
- les attentes des personnes au travail, en termes de conditions de travail (horaires, etc.) et de vie (articulation vie professionnelle, vie personnelle et familiale) et de rémunération ; les attentes étant diverses au regard de plusieurs paramètres (sexe, âge, état de santé, qualification, etc.) ;
- les choix de la société, en faveur de l'emploi et, parfois, au regard de l'articulation des temps des villes.

Le régime du temps de travail mis en œuvre dans l'entreprise doit tenir compte des attentes légitimes des différentes parties prenantes, quelle que soit la norme (décision unilatérale de l'employeur ou accord collectif de branche ou d'entreprise).

---

[30] C. travail, art. L. 3121-44 (depuis 2016, par accord de branche), aménagement contraire à la Charte sociale européenne (Décision du Comité européen des droits sociaux du 18/10/2018, Réclamation n°154/2017).

[31] M. Miné, *Le droit du temps de travail*, LGDJ, 2004 ; *Droit du travail*, 31ème, Eyrolles.

[32] La « flexibilité », qui concerne ici l'adaptation des horaires de travail aux exigences de l'employeur, peut être définie comme « le transfert des risques de l'entreprise sur les salariés. »

Il est nécessaire de rappeler brièvement plusieurs périodes dans la construction du droit du temps de travail, en se limitant à la période moderne.

Tout au long du XIXème siècle, les salariés revendiquent la réduction des durées excessives de la durée du travail[33]. Les employeurs veulent imposer l'horaire collectif. Ces revendications aboutissent avec la loi de 1936 qui fixe la durée maximale hebdomadaire[34] et ses décrets d'application qui prévoient le cadre d'horaires collectifs rigides.

Après Mai 1968, la réduction des heures supplémentaires est mise en œuvre[35] et une certaine autonomie est reconnue aux salariés avec la loi du 27 décembre 1973 relative à l'amélioration des conditions de travail (horaires variables, temps partiel d'au moins la moitié de la durée légale).

À partir du milieu des années 1980, sous l'influence du courant libéral, la loi autorise des accords collectifs de droit privée à prévoir des dispositions inférieures à la loi, norme essentielle de droit public, « les accords dérogatoires ».

Depuis le début de ce siècle, sous l'influence du néo-libéralisme, avec plusieurs lois successives[36], le Droit recule : la loi devient supplétive, la priorité étant donnée à l'accord collectif de droit privé et en particulier à l'accord d'entreprise pour favoriser l'auto-réglementation de l'entreprise.

Ces évolutions législatives, depuis les années 1980, viennent en confrontation avec les libertés et droits fondamentaux de la personne dans le travail, progressivement affirmés, de façon explicite, à partir de la « loi Auroux » du 4 août 1982[37].

B. Une fonction essentielle

---

[33] La journée de 8 heures fut la revendication unificatrice du mouvement ouvrier au niveau international, avec un mot d'ordre « Nous ne travaillerons pas plus de 8 heures par jour ! ». La loi du 23 avril 1919 et la Convention OIT n° 1 du 28 nov. 1919 prévoient la journée de travail de 8 heures.

[34] Loi du 21 juin 1936 instaurant la semaine de 40 heures dans les établissements industriels et commerciaux.

[35] Protocole de Grenelle - https://theconversation.com/les-apports-de-mai-68-au-droit-du-travail-96570

[36] « Lois Fillon » de 2003 et 2004, « Loi Bertrand » de 2008 et surtout « Loi Valls - El Khomri » du 8 août 2016.

[37] M. Miné, « Les lois Auroux, le droit du travail et les droits de l'Homme », 11/2022, *Travailler au futur* (TAF).

Pour repenser le droit du temps de travail, il est nécessaire de choisir un cap et de disposer d'une boussole. Au regard du Droit, selon les préconisations de l'Organisation internationale du travail, il convient de mettre le cap sur l'instauration d'un *régime de travail réellement humain*[38]. Pour cela, il convient d'adapter le travail à l'homme[39]. Pour se diriger, la boussole est constituée par les droits de l'Homme dans le cadre du travail[40]. Ces libertés et droits fondamentaux de la personne humaine sont visés par le Code du travail, « Nul ne peut apporter aux droits des personnes et aux libertés individuelles et collectives de restrictions qui ne seraient pas justifiées par la nature de la tâche à accomplir ni proportionnées au but recherché. » (art. L. 1121-1).

Il convient de prendre au sérieux l'adjectif fondamental. Si une liberté est fondamentale, si un droit est fondamental, cela signifie que ces libertés et ces droits trouvent leurs fondements dans un corpus constitué par les textes les plus élevés dans la hiérarchie des normes (textes de droit international ratifiés, de l'Union européenne, du bloc de Constitutionnalité). Par conséquent, les normes légales doivent au minimum respecter mais plutôt « réaliser » l'effectivité de ces normes[41]. Et il en est de même pour les normes conventionnelles.

Ces droits des personnes et ces libertés individuelles et collectives ne peuvent être supprimés dans le cadre du travail. Leur exercice peut seulement être restreint par « la nature de la tâche à accomplir » et ce de façon proportionnée.

Cette interdiction d'interdire et cette possibilité encadrée de restreindre concerne tous les acteurs, notamment l'employeur mais également la ligne hiérarchique, les organisations syndicales et le Comité social et économique. Toute norme sur le temps de travail doit respecter ce principe, notamment la décision unilatérale de l'employeur et l'accord collectif, conclu aux niveaux de l'entreprise ou de la branche d'activité.

---

[38] Décl. de Philadelphie, spéc. II.

[39] P. Lockiec, « Les transformations du droit du temps de travail », *Dr. ouvrier* 2009-484.

[40] M. Miné, « Le droit du temps de travail à la lumière des droits de l'Homme », in *Itinéraires d'un juriste - Mélanges en l'honneur du professeur Marc Véricel*, Mare et Martin Editions, 2023, p. 279-307.

[41] Il s'agit notamment d'établir « un milieu de travail sûr et salubre » au regard du temps de travail, Déclaration de l'OIT relative aux principes et droits fondamentaux au travail, adoptée en 1998 et complétée en 2022.

Ainsi, la personne humaine au travail, le travailleur ou la travailleuse[42], ne peut être réduite à un facteur de production, à des « ressources humaines »[43] et ne peut être vendue sur un marché[44]. Les normes juridiques sur le temps de travail ne portent pas sur des choses mais sur des êtres humains[45], titulaires de « droits inaliénables et sacrés. »[46] Le régime du travail dans l'entreprise, pas plus que le régime politique dans la Cité, ne doit « tent(er) d'asservir et de dégrader la personne humaine ».

Pourtant, des violations des droits de l'Homme sont constatées dans le travail au sein des entreprises[47]. Ainsi, ces libertés et droits fondamentaux sont particulièrement essentiels, davantage encore dans les périodes de crise, économique et sociale, politique et culturelle. Pour repenser le temps de travail, ces droits fondamentaux de la personne sont à inscrire au cœur de toute nouvelle élaboration du droit du temps de travail. Il ne s'agit plus seulement de recourir à ces droits à la marge pour éviter les abus.

Pour repenser le temps de travail, les libertés et droits fondamentaux de la personne[48] sont en premier lieu le droit à la santé, plus précisément le droit à la sauvegarde de la santé, le droit à une vie personnelle et le droit de mener une vie familiale normale.

---

[42] Terminologie en vigueur en droit international et en droit de l'Union européenne, préférée aux termes de salarié ou d'employé.

[43] « Capital humain » selon Staline, « matériel humain » selon Hitler.

[44] « Le travail n'est pas une marchandise » (Décl. Philadelphie).

[45] S. Weil, *L'Enracinement, Prélude à une déclaration des devoirs envers l'être humain*, Gallimard, 1949, Folio Essais, 1990.

[46] Préambule de 1946.

[47] J.-M. Verdier, « En guise de manifeste : le droit du travail, terre d'élection pour les droits de l'homme », in *Mélanges Savatier*, PUF, 1992, p. 427.

[48] Droit international des droits de l'Homme : Conventions de l'OIT ; Pacte international pour les droits économiques, sociaux et culturels (PIDESC), de 1966 ; Charte sociale européenne révisée de 1961/1996 ; Convention européenne de sauvegarde des droits de l'homme et des libertés fondamentales, de 1950. Union européenne : Charte des droits fondamentaux et certaines Directives. Préambule de 1946.

II. - Confrontation des normes d'application du temps de travail et des droits de la personne

La loi fixe la durée légale du travail, mais ne détermine pas sa répartition et permet de nombreux aménagements du temps de travail.

A. Une articulation trop souvent défavorable aux droits de la personne

Les règles applicables à l'articulation entre les normes nationales du droit du travail, notamment entre la loi, le décret, la convention collective de branche, l'accord d'entreprise, les usages et le contrat de travail, sont un enjeu pour l'effectivité des droits de la personne.

Selon le principe de faveur, « principe fondamental, en droit du travail », construit en France depuis 1936[49], « en cas de conflit de normes, c'est la plus favorable aux salariés qui doit recevoir application»[50].

Le principe de faveur est, bien entendu, toujours présent au cœur du droit du travail, n'en déplaise à certains. Ainsi, ce principe s'applique en matière de temps de travail notamment pour préserver la santé au travail. La loi continue de constituer le minimum, les accords collectifs pouvant uniquement prévoir des dispositions plus favorables[51]. Il en est ainsi en matière de mesure du temps de travail, et, pour l'essentiel, de durées maximales du travail et de durées minimales de repos. Des accords de branche ou d'entreprise qui ne respectent pas ces dispositions font l'objet d'une annulation par le juge[52].

Cependant, le champ d'application du principe de faveur a été progressivement réduit. Ce principe, s'étant vu refuser une valeur

[49] Loi du 24 juin 1936 sur les conventions collectives (de branche).

[50] Soc. 17 juill. 1996, n° 95-41.745, *Bull.* 1996 V n° 296.

[51] C. travail, art. L. 2251-1 (ancien art. 31vc issu de la loi du 24 juin 1936).

[52] Soc. 23 sept. 2020, n° 18-23.474, *Bull.*, spéc. §§ 5-14, *RDT* 2020-684.

constitutionnelle,[53] a seulement valeur législative[54]. Ce principe peut être écarté par la loi dans les situations qu'elle détermine. Ainsi, avec les nouvelles articulations, prévues au cours des dernières décennies, entre les normes nationales du droit du travail, le principe de faveur n'est plus applicable dans de nombreux cas. Des normes publiques peuvent être écartées par des normes privées qui ne sont pas plus favorables aux salariés.

En matière de temps de travail, il en est ainsi avec le mécanisme de la dérogation à la loi (depuis le milieu des années 1980) puis le mécanisme de la supplétivité de la loi (depuis le début de ce siècle). Avec cette nouvelle architecture[55], la loi fixe une règle sans contenu normatif, ce contenu étant déterminé par l'accord d'entreprise ou, à défaut, par l'accord de branche, et seulement en l'absence de dispositions conventionnelles par une norme de droit public (loi ou décret). Ces mécanismes nécessitent la collaboration de l'autonomie collective[56], faisant l'objet d'une instrumentalisation au service de l'auto-réglementation de l'entreprise ou du groupe d'entreprises.

Une illustration emblématique concerne les majorations pour heures supplémentaires. La loi indique que « Toute heure accomplie au-delà de la durée légale hebdomadaire ou de la durée considérée comme équivalente est une heure supplémentaire qui ouvre droit à une majoration salariale (…) » Mais le taux de majoration n'est plus défini. Qui le définit ? « Une convention ou un accord collectif d'entreprise ou d'établissement ou, à défaut, une convention ou un accord de branche ». Et seul un taux minimal très bas est alors prévu par la loi : « le… taux de majoration des heures supplémentaires accomplies au-delà de la

---

[53] Le Conseil constitutionnel refuse de consacrer le principe de faveur comme « principe fondamental reconnu par les lois de la République » (PFRLR), ayant valeur constitutionnelle (not. Décision n° 97-388 DC du 20 mars 1997, spéc. § 45). Une illustration emblématique de la jurisprudence fort contestable du Conseil constitutionnel sur les questions sociales et économiques, le Conseil n'étant pas une Cour constitutionnelle (L. Fontaine et A. Supiot, « Le Conseil constitutionnel est-il une juridiction sociale ? », *Dr. soc.* 2017-754 ; L. Fontaine, *La Constitution maltraitée. Anatomie du Conseil constitutionnel*, préf. A. Supiot, Éd. Amsterdam, 2023).

[54] Constitution, art. 34.

[55] M. Véricel, « Une nouvelle architecture des règles en matière de temps de travail », *RDT* déc. 2016.

[56] S. Lamaire, *L'autonomie collective. Fonctions et liberté*, Thèse, 2024.

durée légale ou de la durée considérée comme équivalente… ne peut être inférieur à 10 % ». Et que se passe-t-il en l'absence de dispositions conventionnelles ? « À défaut d'accord, les heures supplémentaires accomplies au-delà de la durée légale hebdomadaire… ou de la durée considérée comme équivalente donnent lieu à une majoration de salaire de 25 % pour chacune des huit premières heures supplémentaires. Les heures suivantes donnent lieu à une majoration de 50 %. » Un paradoxe : les heures supplémentaires peuvent être mieux rémunérées en l'absence de dispositions conventionnelles, alors que la fonction traditionnelle de la négociation collective et de l'accord collectif était d'améliorer la situation des travailleurs. Cependant, si cette fonction traditionnelle a régressé elle n'a pas disparu[57].

Repenser le temps de travail implique de redonner au principe de faveur un champ d'application complet, en libérant l'espace des restrictions existantes.

La souplesse accordée aux gestionnaires d'entreprise, en matière de temps de travail, se traduit le plus souvent par une grande rigidité à l'égard des salariés[58], ce qui n'est pas sans conséquences défavorables sur l'exercice de leurs droits fondamentaux.

Concernant la novation du contrat, la jurisprudence met l'accent sur l'objet de la modification du contrat et non plus sur son importance (une appréciation objective remplace une appréciation subjective). Ainsi, une nouvelle distinction a été formulée entre modification du contrat de travail et changement des conditions de travail[59]. La modification du contrat de travail requiert l'acceptation du salarié, en droit de refuser une modification portant sur la sphère contractuelle[60] ; en revanche, le changement des conditions de travail peut être imposé par l'employeur au salarié[61]. Dans ce cadre, il a été considéré, en

---

[57] Des accords collectifs, en application du principe de faveur, peuvent prévoir des majorations pour heures supplémentaires plus élevées que les dispositions légales supplétives. Une illustration, avec la Convention collective nationale (CCN) du Labeur : « Les salaires réels des heures supplémentaires sont majorés de : 33 % pour les deux premières heures ; 50 % pour les troisième et quatrième heures ; 100 % pour les autres » (art. 310).

[58] C. Sintez, « De la subordination à la domination du salarié : la « preuve sociologique » par le temps de travail », *Siècles*, 2012.

[59] Soc. 10 juill. 1996, n° 93-41.137, *Bull.* 1996 V n° 278.

[60] En principe, la rémunération et la qualification professionnelle.

[61] En principe, les horaires de travail et le lieu de travail.

l'absence de disposition légale sur le rythme de travail[62] et malgré l'existence de dispositions conventionnelles[63], que l'augmentation de la cadence de travail constitue « un simple changement » des conditions de travail, que le salarié ne peut refuser[64].

Cependant, le juge a nuancé son analyse, en réintroduisant le critère de l'importance de la modification, pour tenir compte de certaines modifications qui constituent un bouleversement du contrat de travail. Dans cette perspective, le juge a élaboré une jurisprudence plus respectueuse du contrat et accordant une certaine attention aux droits fondamentaux de la personne[65].

Repenser le temps de travail implique de respecter les règles de droit civil sur la nature du contrat et ses possibilités de modification par les parties[66]. Le contrat de travail ne devrait pas être moins bien traité que le contrat de droit commun (la norme en droit du travail sur le pouvoir de direction devant respecter la norme en droit civil sur le contrat).

---

[62] Pourtant selon le droit de l'Union européenne, « les États membres prennent les mesures nécessaires pour que l'employeur qui envisage d'organiser le travail selon un certain rythme tienne compte du principe général de l'adaptation du travail à l'homme » (Dir. n° 2003/88, art. 13 – Rythme de travail). P. Lokiec, « L'adaptation du travail à l'homme », *Dr. soc.* 2009-755.

[63] « Les normes de travail ne doivent pas conduire à un rythme de travail, à une intensité d'effort musculaire ou intellectuel, à une tension nerveuse imposant une fatigue excessive. (…) » (art. 1er de l'Accord National Interprofessionnel du 17 mars 1975, modifié, étendu par arrêté du 12 janv. 1996).

[64] Les licenciements des salariées femmes de ménage qui ont refusé le nouveau planning (passage d'une heure de temps à 45 minutes par cage d'escalier), alourdissant d'un quart la quantité de travail, sont jugés fondés sur une cause réelle et sérieuse, Soc. 20 oct. 2010, *Bull.* 2010, V, n° 237.

[65] Deux illustrations de cette orientation. Au visa de l'article L. 1121-1 du Code du travail et de (l'ancien) article 1134 du Code civil, la Cour de cassation énonce un principe : « sauf atteinte excessive au droit du salarié au respect de sa vie personnelle et familiale ou à son droit au repos, l'instauration d'une nouvelle répartition du travail sur la journée relève du pouvoir de direction de l'employeur », Soc. 3 nov. 2011, *Bull.* 2011, V, n° 246. Il a également été jugé dans une affaire que « le passage d'un horaire de nuit à un horaire de jour portait une atteinte excessive au droit du salarié au respect de sa vie personnelle et familiale et était incompatible avec les obligations familiales impérieuses », Soc. 29 mai 2024, n° 22-21.814, *Bull.*

[66] C. civil, art. 1103 « Les contrats légalement formés tiennent lieu de loi à ceux qui les ont faits. », art. 1193.

Dans cette perspective, le juge avait considéré que « l'instauration d'une modulation du temps de travail constitue une modification du contrat de travail qui requiert l'accord exprès du salarié »[67]. En réaction à cette jurisprudence limitant l'imposition de certains aménagements d'horaires, les Législateurs sont intervenus. En effet, pour que les mécanismes de flexibilité unilatérale, au profit des employeurs, puissent être mis en œuvre sans opposition, il était nécessaire, selon ses promoteurs, de supprimer la capacité de résistance de la personne sur le fondement de son contrat de travail.

Ainsi, selon les nouvelles dispositions, « la mise en place d'un dispositif d'aménagement du temps de travail sur une période supérieure à la semaine par accord collectif ne constitue pas une modification du contrat de travail pour les salariés à temps complet »[68]. L'application du principe de faveur entre l'accord collectif, notamment d'entreprise, et le contrat de travail est écartée. Et il en est de même pour certains aménagements prévus unilatéralement par l'employeur. Le salarié n'est plus en droit de refuser une annualisation (modulation, etc.), un cycle sur plusieurs semaines, etc.

Prolongeant cette perspective, les « ordonnances Macron », à l'automne 2017, ont prévu de renforcer la mise à l'écart du principe de faveur avec les accords dits de performance collective[69]. Afin de « répondre aux nécessités liées au fonctionnement de l'entreprise », un accord d'entreprise peut « aménager la durée du travail, ses modalités d'organisation et de répartition ». Il peut s'agir d'un aménagement du temps de travail sur une période supérieure à la semaine (annualisation, etc.). La loi ne prévoit pas le contrôle du contenu de l'accord par l'administration du travail. Dans ce cadre, « Les stipulations de l'accord se substituent de plein droit aux clauses contraires et incompatibles du contrat de travail, y compris en matière de… durée du travail (…). » Le salarié peut refuser la modification de son contrat de travail résultant de l'application de l'accord et l'employeur peut alors procéder à son licenciement. Et ce licenciement « repose sur un motif spécifique qui constitue une cause réelle et sérieuse. » et est soumis aux seules modalités et conditions du licenciement individuel, quel que soit le nombre de salariés concernés.

---

[67] Soc. 28 sept. 2010, n° 08-43.161, *Bull.* 2010, V, n° 197.

[68] C. travail, art. L. 3121-43 (dans la partie « Ordre public » depuis la loi du 8 août 2016).

[69] C. travail, art. L. 2254-2.

Ce nouveau dispositif constitue une illustration de l'influence du néo-libéralisme au cœur du droit du travail. Il s'agit d'écarter la possible application de normes de droit en limitant drastiquement le rôle du juge, le tiers nécessaire dans toute relation contractuelle. Sont notamment ici visées les normes concernant le motif du licenciement et l'autonomie des sources. Il s'agit d'imposer de nouvelles règles aux salariés en assurant aux employeurs la sécurité juridique ; les droits fondamentaux de la personne étant marginalisés[70].

Cependant, le tiers peut ressurgir. Même si le pouvoir d'appréciation du juge est fortement limité par la loi[71], le salarié peut conteste son licenciement devant le juge[72]. Et le juge peut interroger la cause de l'accord[73]. Par ailleurs, le contenu de tout accord dit de performance collective et ses modalités de mise en œuvre pourraient être examinés au regard des exigences de la directive n° 98/59 du 20 juillet 1998 sur les licenciements *collectifs*.

Repenser le temps de travail implique de respecter le rôle du juge, l'autonomie des sources et les règles de droit civil sur la nature du contrat.

B. Quelques illustrations

Seuls seront cités les aménagements du temps de travail les plus emblématiques, sans recherche d'exhaustivité[74]. La loi prévoit un texte général pour tout aménagement du temps de travail au-delà de la semaine. Cependant, dans les entreprises, les acteurs continuent de se référer à la modulation, au cycle, etc.

---

[70] La loi prévoit une option dans une formulation vague : l'accord d'entreprise « peut » préciser « Les modalités selon lesquelles sont conciliées la vie professionnelle et la vie personnelle et familiale des salariés ».

[71] Ce licenciement est *a priori* considéré par la loi comme justifié. Cependant, cette justification générale par la loi n'apparaît pas conforme avec les engagements internationaux de la France, notamment la Convention de l'OIT n° 158, spéc. art. 9, et la Charte sociale européenne révisée.

[72] Pour l'OIT, « le juge doit pouvoir continuer à procéder à un véritable contrôle judiciaire. » (Rapport du Directeur général approuvé par le Conseil d'administration, 2022, spéc. § 58). V. CA Versailles, 25 avril 2024, RG 21/03598. Soc. 2 déc. 2020, n° 19-11.986, *Bull.*

[73] C. civil, art. 1131 et 1133.

[74] Plus de 25 dispositifs d'aménagement du temps de travail sont légalement possibles.

Autorisés par les lois successives, les horaires de travail atypiques concernent un nombre croissant de salariés[75]. Il en est ainsi pour le travail le dimanche, favorisé par une inflation de textes dérogatoires, et pour le travail de nuit[76]. Les horaires instables se développent, notamment avec les mécanismes de variations d'horaires[77]. Ces horaires de travail constituent des facteurs de dégradation de l'état de santé mentale des salariés et de leurs vies personnelles et familiales[78].

Dernière illustration, la suspension du repos hebdomadaire pour les vendanges notamment en Champagne[79]. Les saisonniers devront travailler treize journées d'affilée, alors que dans ce secteur est accordée une dérogation permettant déjà de dépasser la durée maximale de 48 heures et de faire travailler jusqu'à 60 heures par semaine. Et ces semaines de travail, sans jours de repos, vont s'imposer malgré les risques supplémentaires causés par la canicule. La santé de l'être humain, travailleur saisonnier, est ignorée.

Est ainsi instauré un « temps inhabitable à l'homme »[80]. Repenser le temps de travail implique de limiter ces horaires atypiques aux seules situations où ils sont indispensables pour des raisons sociales ou techniques[81].

---

[75] *Le travail en horaires atypiques en 2021*, DARES, oct. 2022 ; « Davantage d'accords sur le travail la nuit et le dimanche depuis 2014 », in *Quelle contrepartie salariale pour le travail le soir, la nuit ou le week-end ?*, DARES, 2023. *Horaires atypiques et risques professionnels*, INRS, 2024.

[76] C. travail, art. L. 3122-15 (Ord. n° 2017-1387 du 22 sept. 2017, art. 32 - les accords collectifs autorisant le recours au travail de nuit bénéficient d'une présomption de conformité à la loi). Soc. 30 mai 2018, *RDT* 2019.731, obs. M. Véricel.

[77] Une illustration. Suivant les dispositions de l'accord collectif, en matière de modulation, la durée du travail peut légalement varier d'une semaine à l'autre entre 0 heure et 48 heures, avec des délais de prévenance courts (inférieurs à 7 jours ouvrés), sans programme indicatif sur l'année.

[78] « L'économie du *burn-out* », Rapport d'O. De Schutter, ONU, 2024.

[79] L'illégalité d'hier est devenu la légalité d'aujourd'hui : le décret n°2024-780 du 10 juillet 2024 (C. rural, art. R. 714-10) va à l'encontre de la jurisprudence qui avait validé les amendes administratives, infligées, par l'inspection du travail, aux employeurs qui ne respectaient pas le repos hebdomadaire de leurs salariés (TA Châlons-en-Champagne, 6 sep. 2023, n° 2202506 et 2100906).

[80] S. Weil, *La Condition ouvrière*, Éd. Gallimard, 1951, coll. « Idées », 1979, spéc. p. 350.

[81] Comme le prévoyait la jurisprudence avant les réformes législatives de 2015-2017, Soc. 24 sept. 2014, *RDT* 2015.52, obs. M. Véricel. Crim. 2 sept. 2014, *RDT* 2015.52,

Conçu initialement pour améliorer les conditions de travail, le travail à temps partiel est devenu un levier de la politique de l'emploi et un instrument de flexibilisation de la force de travail, en matière d'horaires et de rémunération (les taux de majoration pour heures complémentaires sont inférieurs aux taux appliqués aux heures supplémentaires, etc.). Il constitue un aménagement sexué du temps de travail, concernant pour l'essentiel des femmes.

Pour limiter la précarité, en terme de rémunération et d'accès à la protection sociale, la loi du 14 juin 2013 avait prévu une durée minimale hebdomadaire de 24 heures. Cependant, les accords de branche, conclus dans les secteurs où au moins un tiers des salariés sont à temps partiel, ont fixé, à une exception près[82], des durées inférieures à la norme légale (de 2 h à 16 h). La loi du 8 août 2016 a validé ce recul[83] et autorisé un accord de branche étendu à prévoir des avenants temporaires individuels (il « peut » prévoir la majoration des heures effectuées[84]) ; jusque-là, ce dispositif était proscrit du fait de la non application de normes légales protectrices des salariées[85]. Dans la confusion des normes, des promoteurs de la flexibilité au profit de l'employeur proposent des réformes déjà intervenues[86].

Repenser le temps de travail implique ici de supprimer les dispositions légales qui causent des discriminations indirectes à l'encontre des femmes salariées[87].

Avec le régime dérogatoire du forfait en jours, les salariés, jouissant d'une grande autonomie dans leur emploi du temps, ne

---

obs. M. Véricel. La directive du 20 juin 2019 n° 2019/1152 relative à des conditions de travail transparentes et prévisibles devrait bénéficier d'une meilleure transposition.

[82] CCN Grande distribution.

[83] C. travail, art. L. 3123-19 al. 1.

[84] C. travail, art. L. 3123-22. Exemple : le régime des heures complémentaires dans la CCN Propreté : durée minimale de 16 h, taux de majoration à 10 %, etc. (avenant du 5 mars 2014, étendu par arrêté du 19 juin 2014).

[85] Soc. 7 déc. 2010, n° 09-42.315, *Bull.* 2010, V, n° 282.

[86] Une illustration : « accroître la flexibilité du recours au temps partiel de manière à favoriser la création d'emplois en baissant le plancher minimum de 24 heures hebdomadaires de travail. » in « Rapport sur le projet de loi simplification : quelles propositions pour le droit du travail ? », 16/02/2024, Capstan Avocats.

[87] Sur le calcul des taux de majoration des heures complémentaires : CJCE 6 déc. 2007, n° C-300/06.

bénéficient plus des durées maximales du travail et peuvent légalement travailler jusqu'à 13 heures par jour et 78 heures par semaine. Ces durées du travail sont considérées comme excessives par le Comité européen des droits sociaux du Conseil de l'Europe, au regard de la Charte sociale européenne[88]. Sur le fondement de textes européens et nationaux, la Cour de cassation considère que la protection de la santé prévue par de nombreux accords collectifs de branche est ici insuffisante[89]. Les conventions individuelles de forfait sont alors jugées nulles[90]. Le salarié peut obtenir le paiement des heures supplémentaires et des dommages-intérêts au regard des durées excessives de travail.

Repenser le temps de travail implique de respecter le Droit et notamment les Décisions du Comité européen des droits sociaux. Il conviendrait également de prévoir un devoir de déconnexion pour les employeurs plutôt que l'illusoire droit à la déconnexion, mal nommé[91] et inapplicable sans réduction de la charge de travail[92]. Enfin, il serait nécessaire de mesurer le temps de travail réalisé en dehors du lieu et des horaires de travail.

La semaine de 4 jours n'est en droit pas une nouveauté. Déjà prévu avant 1982, cet aménagement peut être mis en œuvre selon différentes modalités (accord de branche ou d'entreprise, décret ou décision unilatérale de l'employeur avec avis conforme du Comité social et économique) et dans le respect des contrats de travail, des repos minimums et des durées maximales de travail. Cet aménagement est motivé par le « bien-être au travail » (en ajoutant un jour hors travail…) et la performance économique. Il peut concerner tous les salariés d'une entreprise ou seulement certains, sur la base de données pertinentes et non-discriminatoires (secteurs d'activité, qualifications, etc.). Le choix porte notamment sur la durée du travail : semaine *de* 4

---

[88] Décisions CEDS 23 juin 2010, n° 55/2009 et 56/2009, *Sem. Soc. Lamy*, 17 janv. 2010, n° 1475.

[89] Depuis Soc. 29 juin 2011, n° 09-71.107, *Bull.* 2011, V, n° 181.

[90] V. not. Soc. 10 janv. 2024, n° 22-15.782 BR ; Soc. 10 janv. 2024 n° 22-13.200 B.

[91] S. Tournaux, « Droit à la déconnexion et charge de travail », in *Itinéraire d'un juriste,* préc., spéc. p. 399.

[92] La charge de travail excessive figure parmi les causes des affections psychiques liées au travail, qui progressent (l'Assurance Maladie-Risques professionnels a reconnu, en 2016, plus de 10 000 affections psychiques au titre des accidents du travail et près de 600 au titre des maladies professionnelles).

jours, avec réduction du temps de travail[93], ou semaine *en* 4 jours, sans réduction du temps de travail (semaine de travail compressée et intensifiée avec une charge de travail identique)[94]. L'allongement des journées de travail peut venir en contradiction avec la préservation de la vie familiale et de la santé pour de nombreux salariés (familles monoparentales, salariés âgés, etc.).

Gare de Limoges - Bénédictins[95]*,*
Le 30 octobre 2024.

---

[93] La question du maintien ou de la réduction de la rémunération est alors posée. « La semaine de travail devant être progressivement réduite pour autant que l'augmentation de la productivité et les autres facteurs entrant en jeu le permettent », Charte sociale européenne, art. 2.

[94] P. Grimaud, « La semaine de 4 jours : travailler moins… tout en travaillant plus ? », *Connaissance de l'emploi* n° 199, CEET-Cnam, sept. 2024.

[95] La règle de Saint Benoit est à l'origine de la répartition de la journée en trois parties, avec la journée de travail de 8 heures.

Reconsidérer le temps de travail
ou la nécessité de dépasser le « clock time » ou le temps de l'horloge ?

Isabelle SAUVIAT
Maître de Conférences en Sciences de Gestion et du Management à l'Université de Limoges
(Membre du CREOP – UR 15561)

Introduction

Le sujet du temps de travail cœur de ce propos, se présente en premier lieu comme une question de droit. Le temps de travail étant communément admis comme un cadre juridique, c'est-à-dire comme « *le temps pendant lequel un salarié ou un agent public est à la disposition de l'employeur ou de l'administration et se conforme à ses directives sans pouvoir vaquer à ses occupations personnelles*[96] ». Tel que défini, le temps de travail a renvoyé de tout temps à une durée de référence (dérogatoire sous certaines conditions), qui est aujourd'hui de 35 heures par semaine (151,67 heures par mois et 1607 heures par an) ; étant précisé que les limitations à 10 heures de travail effectif par jour et entre 44h à 48h par semaine, ainsi qu'un temps de pause de 20 minutes pour 6 heures de travail effectif viennent compléter la définition juridique du temps de travail en France. L'approche juridique du temps de travail n'est donc pas nouvelle, elle a une histoire. Cette histoire acte *une approche quantitative du temps de travail*, lui conférant une dimension objective.

Mais le temps de travail n'est pas qu'une question de droit, il est aussi l'expression de modèles de gestion de la fonction RH. En référence à Dietrich et Pigeyre (2016), il est ainsi possible de considérer le temps de travail au regard des différentes approches de la fonction RH au fil de l'histoire des organisations et du management. Au moment de l'administration du personnel, qui prône une conception utilitariste de l'humain au travail appuyée sur une organisation de nature taylorienne et bureaucratique, le temps de travail est un objet de lutte, car il est très conséquent et humainement difficile. Ce qui va le faire

---

96 https://www.service-public.fr/particuliers/glossaire/R32095

passer entre 1900 et 1936, de 70h à 40h par semaine. A partir des années 1960-1970, la fonction RH est approchée selon une gestion des relations sociales : c'est une vision plus humaniste de l'être humain au travail, portant une attention aux aspects formels et informels de l'organisation. C'est une période où la question du temps de travail est moins prégnante dans les relations de travail au profit de l'installation de droits sociaux multiples à l'image du droit à la formation. A partir des années 1980, la Gestion des Ressources Humaines (GRH) s'installe comme modèle dominant du pilotage de la fonction RH : elle valide une conception stratégique de l'humain au travail au sens de sa considération en tant qu'actif spécifique géré de manière stratégique, et conduit à une réactualisation de la problématique du temps de travail qui passe à 39h puis à 35h en 1998.

En d'autres termes, la lecture du temps de travail au travers des modèles de gestion de la fonction RH, illustre l'influence des postulats de représentations de l'humain au travail et de ses conséquences, sur le sujet du temps de travail. Plus l'organisation et le management tendent à être tayloriens et bureaucratiques, plus le temps de travail est un chantier social significatif. Et à l'inverse, plus l'organisation et le management sont de nature humaniste, plus le temps de travail apparaît en retrait ; d'ailleurs à l'heure actuelle, ce sont bien les modalités de réalisation du temps de travail qui sont en débat plus que le temps de travail lui-même. Les enjeux du temps de travail dans le monde du travail du 21ème siècle sont de la sorte, à situer dans trois attentes managériales : le bien-être au travail par opposition au mal-être au travail d'actualité ; l'équilibre vie personnelle - vie professionnelle (en lien notamment avec la place de l'investissement parental ou des loisirs dans la société) ; le besoin d'un collectivisme professionnel au détriment de l'individualisme repérable. Là également, il peut être avancé que plus le travail est taylorien et contrôlé, plus l'humain sera individualiste dans l'organisation, et aura tendance à investir son espace personnel, et plus le mal-être au travail sera présent ; et plus le travail sera considéré de manière humaniste et autonome, plus l'humain acceptera le collectif dans l'organisation et se sentira bien dans l'espace professionnel, et plus le bien-être au travail sera une réalité.

En conséquence, l'approche managériale du temps de travail pose de fait l'importance d'*une approche qualitative du temps de travail* fondée sur une dimension subjective. Elle est associée actuellement à la notion de Qualité de Vie et des Conditions de Travail (QVCT) selon la Loi Santé au Travail n° 2021-1018 du 2 août 2021, qui englobe traditionnellement selon l'ANACT (Agence Nationale d'Amélioration des Conditions de Travail) : management participatif et engagement ; relations de travail et climat social ; contenu du travail ; santé au travail ; égalité professionnelle pour tous ; compétences et parcours professionnels.

Reste à savoir *comment repenser le temps de travail pour répondre aux enjeux actuels du travail ?*

Pour répliquer à cette interrogation, deux grandes parties constituent ce texte : la première cherche à montrer l'importance d'admettre de ne plus concevoir le temps de travail comme « quantité » ; la seconde témoigne de la nécessité de s'autoriser à concevoir le temps de travail dans une optique de « qualité ».

1. Admettre de ne plus concevoir le temps de travail comme une « quantité »

Pour envisager de ne plus concevoir le temps de travail comme une « quantité », il convient d'une part de sortir de la vision « clock time » et de développer une vision processuelle du temps de travail.

1.1. Sortir de la vision « clock time » versus « task time » (Thompson, 1967 in Estagnasié, 2023)

L'association entre « travail » au sens d'une activité réalisée sur le lieu de travail et « temps de travail » comme horaires fixés par l'employeur est un vestige de la fin 19ème/début du 20ème. Au fil du temps et du développement économique, il y a eu une construction sociale et historique d'une temporalité du travail non plus sur des tâches, mais sur l'horloge par l'introduction des salaires horaires et non plus à la pièce. Il en a résulté une différence fondamentale entre : le « clock time » qui est le temps objectif mesuré par la montre, et le « task time » qui est un temps organique rythmé par les tâches et les cycles de vie.

Alors qu'avant le temps de travail était façonné par les tâches à accomplir, il est entré progressivement dans l'ère du travail prescrit c'est-à-dire d'un travail formalisé (notamment par la fiche de poste) attendu par l'organisation. Il s'oppose au travail réel et expressif, qui est le travail réalisé par l'acteur, et au niveau duquel se fait le sens au travail.

Plus précisément, pour Dejours (2021), le travail prescrit représente un ensemble d'actes et de postures chronométrés (en lien avec le formatage du travail), là où le travail réel permet l'appropriation humaine du travail et l'adaptation à l'imprévu du travail.

Ce passage du « clock time » ne s'est pas réalisé sans opposition, et va engendrer sur un plan scientifique le développement de courants critiques sur le rapport au temps de travail dans la postmodernité et la post-croissance (Estagnasié, 2023), marqué par une volonté de dépassement d'une seule vision quantitative et statique du temps de travail. Dans la réalité, il va être aussi à l'origine de conflits fondés sur la mise en lien du temps de travail avec les formes de rémunération du travail, et plus largement avec les styles de management.

Ainsi, en référence à la typologie des styles de gestion de Likert (1967), il peut être repéré que dans les styles directif (autoritaire exploitateur) et persuasif (autoritaire paternaliste) aux bases hiérarchiques et décisionnels centralisées et à forts contrôles et contraintes, le temps de travail est surtout vu quantitativement en renvoyant à un travail prescrit avec pas ou peu d'autonomie de travail. Dans les styles délégatif (consultatif) et participatif, les fondements managériaux sont plus humains, ce qui amène à une conception du temps de travail plus qualitatif, avec une prise en compte du travail réel, reposant sur une autonomie voire pour le style participatif une très grande autonomie du travail. D'ailleurs, pour Likert, le style participatif est le style qui permet la performance, car en étant le plus humain et le plus ouvert, il améliore la compétitivité de l'organisation tout en autorisant la motivation des collaborateurs par leur responsabilisation et leur implication dans les processus décisionnels.

L'ère du « clock time » se voit ainsi remis en cause au profit d'une vision processuelle du temps de travail.

1.2. Développer une vision processuelle du temps de travail (Estagnasié, 2023)

Le temps de travail vu comme un « contenant » (Gherardi et Strati, 1988 *in* Estagnasié, 2023) entendu comme une activité productive maximale, est bousculé par l'environnement postmoderne et post-croissance, notamment en raison de l'accélération et l'augmentation de la vitesse de la plupart des activités humaines, qu'elles soient sociales, culturelles ou économiques sous l'influence d'évolutions technologiques, sociales et psychologiques.

Il en ressort une quête et une recherche de correspondance entre soi et le monde y compris professionnel. Estagnasié (2023) lie ce phénomène à deux notions : la résonance de Rosa (2013), qui pose comme principe que la qualité d'une vie humaine dépend du rapport au monde, pour peu que ce dernier permette une résonance, c'est-à-dire une connexion entre nos valeurs et nos actions au regard du monde. La résonance se veut un antidote à l'accélération du monde (y compris en termes de temps de travail) et à l'aliénation qui y est liée (forme de relation au monde sans sens). La notion de flow (Csikszentmihalyi, 1988) pour sa part, est un état mental atteint par une personne quand elle est complétement absorbée par son activité (concentration, engagement et satisfaction optimales), qui est souvent relié à une perte de la notion de temps. Cet état mental est aujourd'hui étudié dans les organisations car il possède de nombreux avantages en termes d'effets positifs sur le travail ; cette expérience optimale au travail est très dépendante des pratiques de GRH de l'organisation (autonomie au travail, appropriation des espaces et des rythmes de travail…).

Plus globalement, c'est toute la question de la motivation au travail qui est posée en arrière-plan ; étant entendu que la motivation au travail, peut se définir selon Roussel et *al.* (2000, p.5), comme « *un processus qui active, oriente, dynamise et maintient le comportement des individus vers la réalisation d'objectifs attendus* ». La motivation au travail est influencée par les demandes humaines, qui sont exprimées en rapport soit à des besoins (motivation interne), soit à des exigences (motivation externe).

Au-delà, la théorie de l'autodétermination de Deci et Ryan (2002) pose ainsi que la motivation est une réponse à trois besoins essentiels : besoins d'autonomie (liberté de faire des choix), besoins de compétences et besoins d'appartenance (lien social). C'est pour ces auteurs, un concept multiforme qui se décline comme un continuum allant : de la motivation intrinsèque au sens d'un engagement volontaire et spontané de l'individu, à la motivation extrinsèque c'est-à-dire un engagement par des pressions externes, en passant par l'amotivation exprimée par une absence de motivation.

En écho à ces représentations, il peut être compris que le temps de travail dans sa version « clock time » ou « task time » est très en lien avec les postulats du management, qui renvoient en référence à la théorie X et Y de Mac Gregor, à deux manières très différentes d'appréhender l'humain au travail et sa motivation.

-La perspective taylorienne avançant que l'humain a une aversion innée pour le travail, et qu'il n'aime pas travailler. D'où la nécessité d'un management autoritaire renvoyant au contrôle, à la contrainte, voire à l'autorité et la sanction.

-A l'inverse la perspective humaniste part du principe que l'humain peut se réaliser dans le travail car il ressent un besoin psychologique qui le motive à travailler, et qu'en cela, le management humaniste doit favoriser la prise de responsabilité, l'initiative, la créativité et l'autonomie.

Ce cadre dichotomique dans la manière de représenter le management, donne à sa pratique une pluralité de formes, et à la motivation au travail une coloration multidimensionnelle, qui se retrouve dans l'approche du temps de travail.

En effet, dans la réalité, le temps de travail présente une perspective plurielle et correspond à une pluralité de temps (Gherardi et Strati, 1988 in Estagnasié, 2023). En d'autres termes, le temps est un phénomène dynamique et actif au sein des organisations. C'est un processus continu. Le temps organisationnel se traduit ainsi par une variété de structures temporelles. Dans cette perspective, le temps de travail se définit comme une passerelle entre le temps objectif, *le chronos, le temps physique* et le temps subjectif, *le kairos, le temps du moment opportun.*

Entre le temps objectif et le temps subjectif, le temps de travail s'entend comme le temps de la pratique, c'est-à-dire des réalisations humaines, qui est une construction sociale influencée par les contextes, les relations mais également les évènements en lien avec un passé, un présent et un futur, à la fois individuel et organisationnel.

Ce changement de paradigme amène à repenser le temps de travail de manière plus qualitative.

2. S'autoriser à concevoir le temps de travail dans une optique de « qualité »

L'optique « qualité » du temps de travail entendue par la notion de « *kairos* » conduit à envisager d'une part ses défis individuels et d'autre part ses enjeux organisationnels.

2.1. *Intégrer les défis individuels de l'approche qualitative du temps de travail : tenir compte des appropriations humaines du travail*

Sur un plan individuel, intégrer le « *kairos* » dans l'environnement professionnel, c'est percevoir ses correspondances avec les aspirations et les maux du monde du travail actuel. Trois propositions en ressortent.

- Tout d'abord, l'approche qualitative du temps de travail permet de *sortir de l'illusion du présentéisme* : le « *kairos* » est un moyen de reconnaître la liberté d'action des collaborateurs que les travaux de Crozier et Fiedberg, sur l'analyse stratégique des organisations, ont mis en exergue au travers des notions d'acteur stratégique ou de stratégie d'acteur. Être motivé au travail, ce n'est pas qu'y être présent physiquement (par opposition à l'absentéisme), c'est aussi y être présent mentalement.

L'individu au travail a des marges de manœuvre et une capacité d'action, qu'il mobilise selon ses intérêts et ses aspirations : ce qui signifie qu'il est actif et non passif dans l'organisation. De cette manière, selon ses perceptions de son environnement de travail, l'acteur va mettre en œuvre des stratégies, qui peuvent prendre la forme de résistances quand ses intérêts ne sont pas pris en compte. Une seule vision du temps de travail au sens du « *chronos* » et du « clock time », limite ainsi ce phénomène d'appropriation humaine du travail. La résistance des acteurs pour faire entendre leur besoin d'adaptation du travail prescrit en travail réel, passe par des formes et des actions multiples, dont l'absentéisme, les lenteurs, la rétention d'informations ou encore plus récemment le « Quiet Quitting », terme qui désigne la démission silencieuse, phénomène qui consiste à réaliser le strict minimum dans son travail (missions attendues dans la fiche de poste).

Ces nouvelles tendances bousculent les approches du temps de travail, car les acteurs ne réagissent plus au « clock time » par le seul absentéisme, ils y font face aussi aujourd'hui par des stratégies qui le détournent tout en étant dans un présentéisme au travail et le respect du temps physique ; ce qui témoigne de l'importance de la considération subjective du temps de travail.

L'enjeu individuel de la question du temps de travail devient dès lors celle du statut du collaborateur dans l'environnement professionnel : d'un acteur objet d'un « *chronos* » de travail se substituerait un acteur sujet d'un « *kairos* » de travail.

- Ensuite, la reconnaissance qualitative du temps de travail, est un des moyens de *faire face aux maux du travail* : l'aménagement du temps de travail est une réponse managériale (parmi d'autres) à l'impasse pathogène du travail, autrement dit au travail comme vecteur de mal-être et de souffrance au travail en lien avec la considération taylorienne du travail ; étant précisé que la souffrance au travail est un mal-être issu d'un ressenti conflictuel entre soi et l'organisation du travail.

Elle est associée à une série de maux : le *burn-out*, l'épuisement professionnel ; le *bore-out*, l'ennui au travail ; le *brown-out*, la perte de sens au travail ou la démission silencieuse ; la *démotivation* ou le *désinvestissement au travail*, l'état passager ou durable qui affecte la volonté de réalisation des missions et objectifs de travail.

Il s'agit d'insérer dans la problématique du temps de travail, au-delà de sa dimension objective, une dimension subjective en lien avec le vécu du travail et l'appropriation humaine du travail, c'est tout l'enjeu de la prise en compte du « *kairos* » dans le travail.

C'est tout l'intérêt également de la vision processuelle du temps de travail, qui tend à considérer le temps de travail dans une logique dynamique et non seulement statique, en écho à la réalité organisationnelle et individuelle du contexte de travail et hors travail : le temps de travail est alors appréhendé dans l'action et le réel de ce qu'il génère et engendre de positif ou négatif dans la situation de travail.

C'est tout l'inverse du « clock time » qui par ses prismes chronométrés, ne laisse pas de place à la réflexivité sur le travail, ce qui est une réelle cause de souffrance au travail et de perte de sens au travail. Dans le « clock time », ce qui compte c'est la mesure du temps pas ce qui en est fait qualitativement, d'où le risque d'« aliénation » humaine qui lui est associée.

- Enfin, la dimension qualitative du travail contribue à *intégrer les nouvelles aspirations vis-à-vis du travail* que constituent le renouvellement du rapport au travail, les engagements sociétaux et environnementaux. En d'autres termes, tout ce qui est englobé par le « travailler autrement ».

Le « travailler autrement » renvoyant à des défis allant de l'inclusion et l'égalité professionnelle, à l'attention au développement durable, notamment avec la RSE (Responsabilité Sociétale des

Entreprises), en passant par l'équilibre vie personnelle - vie professionnelle. A ce sujet, il y a une volonté notable des nouvelles générations de lutter contre le « *blurring* » professionnel c'est-à-dire l'effacement ou le brouillage de la frontière entre vie personnelle - vie professionnelle.

Ces enjeux sont portés par le développement de nouveaux modèles de GRH, à l'image de la gestion durable des RH, qui tente d'englober les multiples attentes actuelles vis-vis du travail : équité et inclusion ; QVCT ; développement des compétences et employabilité ; engagement des salariés ; sécurité et santé au travail ; gouvernance éthique ; pratiques écoresponsables.

Face à cette donne inédite, la problématique du temps de travail ne peut être réduite à une seule vision quantitative, elle doit inclure une dimension qualitative. Cela devient même un enjeu stratégique pour le monde du travail de demain singulièrement car la Génération Z (1995-2010) fait état de nouvelles attentes (Cappelli, 1999) qui interpellent le temps de travail : nomadisme de vie ; zapping professionnel ; vision du travail de très court terme ; prise de contrôle par le collaborateur de son employabilité ; méfiance vis-à-vis de l'employeur ; progression de carrière chaotique ; rémunérations individualisées ; importance de l'ambiance et du cadre de travail.

L'approche qualitative du temps de travail apostrophe ainsi non seulement le niveau individuel du travail, mais également son niveau organisationnel.

2.2. Investir les enjeux organisationnels de l'approche qualitative du temps de travail : rechercher des évolutions/aménagements du temps de travail entre humanisme et performance

Au-delà des bienfaits individuels attendus des évolutions et aménagements du temps de travail, il convient également de s'intéresser aux enjeux organisationnels. En effet, la problématique du temps de travail est contingentée aujourd'hui par un environnement de travail caractérisé essentiellement par des maux non seulement individuels mais aussi collectifs, à l'opposé du présentéisme, de la paix ou du bien-être au travail, ce qui lui confère une réelle complexité.

D'abord, le temps de travail basé par essence sur le présentéisme, est touché par un absentéisme au travail significatif, que les organisations ont du mal à endiguer.

Ensuite, le temps du travail comme temps collectif de travail, fait écho à des conflits et des relations conflictuelles de plus en plus prégnants.

Enfin, le temps de travail comme espace de bien-être au travail est bousculé par toute une série de symptômes de mal-être au travail qui vont, de l'épuisement au travail aux risques psychosociaux, en passant par l'extrême du suicide au travail.

Derrière ces expressions du travail, ce sont toutes les pratiques managériales, dont la gestion du temps de travail, qui sont interrogées : il s'agit bien de revenir aux manifestations tout autant informelles que formelles du travail. Sur un plan organisationnel, cela revient à dépasser le seul aspect temporel du temps de travail au profit d'interrogations plus larges de trois natures : la place de la confiance dans le travail ; les postulats du management du travail ; la reconnaissance de l'appropriation du travail.

S'agissant de la *place de la confiance dans le travail*, elle est en lien avec le temps de travail, car investir le temps de travail en confiance nécessite une responsabilisation et une autonomie dans le travail, loin du temps de travail contrôlé voire chronométré, qui tend à se développer aujourd'hui, y compris dans des secteurs d'intérêt général comme la santé ou le social (définition de temps standardisés de prise en charge, souvent source de deshumanisation du travail). Il faut donc apprendre à manager le temps de travail en confiance ; étant entendu que selon Karsenty (2016, p.128), la notion de confiance au travail peut être définie comme « *un sentiment de sérénité qui émane de la relation à un acteur sur qui l'on se repose dans une situation donnée, en espérant qu'il prendra soin de nos intérêts* » ; étant précisé aussi que la confiance dans l'organisation suppose de tenir compte de l'axe confiance–bienveillance versus dé/méfiance – malveillance de Brunet et Savoie (2016).

Concernant *les postulats des pratiques managériales du travail*, ils rejoignent les interrogations sur le temps de travail au sens qu'investir en confiance le temps de travail, c'est avoir un style de management adapté loin du contrôle et de la sanction, et plus en responsabilité et en autonomie. Dans cette perspective, c'est bien l'interpellation des paradigmes du management qui sont à repenser pour approcher différemment le temps de travail.

Pour ce qui est de *la reconnaissance de l'appropriation du travail*, elle est une demande sociétale forte singulièrement de la part des nouvelles générations, qui en conséquence, positionne le temps de travail au cœur d'évolutions quant à ses modalités juridiques et managériales. L'appropriation au sens managérial s'entendant comme « *un processus interprétatif, de négociation et de construction du sens à l'intérieur duquel les acteurs questionnent, élaborent, réinventent les modèles de l'action collective* » (Grimand, 2006, p. 17), et permettant au travail prescrit de devenir un travail réel en référence à l'ergonomie du travail, en d'autres termes un travail régulé et recomposé par rapport aux prescriptions.

C'est l'enjeu de la semaine de/en quatre jours qui porte des attendus à la fois individuels et organisationnels, et qui doit autoriser l'appropriation des contraintes organisationnelles du travail au regard des aspirations, des besoins et des motivations plus individuels. Les impacts espérés de la semaine de/en quatre jours sont ainsi « bifacettes » : sur un plan individuel, équilibre vie personnelle et vie professionnelle, baisse du stress et du mal-être au travail, amélioration de la santé physique, intégration du prendre soin et du profiter de ses proches ; sur un plan organisationnel, meilleure productivité, réduction des coûts, baisse du turnover et hausse de la productivité ; attractivité et marque employeur bonifiées.

Conclusion

En conclusion, à la question initiale de savoir « comment repenser le temps de travail pour répondre aux enjeux actuels du travail ? », la démonstration tend à valider que c'est indéniablement possible mais de manière conditionnée et en lien avec des évolutions tant juridiques que managériales.

Il existe des zones de vigilance hybrides au droit et aux sciences de gestion et du management quant à la correspondance du temps de travail et des enjeux renouvelés du travail : par exemple la surintensification du travail en raison d'une concentration du travail sur une plage plus courte, l'érosion du lien social du fait d'une individualisation trop poussée du travail, un droit à la déconnexion à préserver dans une organisation du travail de plus en plus sans frontière, et plus globalement, des freins structurels et culturels. Les évolutions du temps de travail et plus largement ses aménagements, nécessiteront à minima des réflexions sur la préparation du collaborateur notamment en termes de formation, et des investissements plus fins des organisations en lien avec la réalité de leur contexte.

Ce qui engendre un besoin d'adaptation des modalités tant juridiques que managériales : il faut construire d'une part la concordance juridique du droit du travail aux formes métamorphosées d'emplois (diminution ou aménagement du temps de travail ; durée du travail ; incitations notamment en termes de rémunération…). Il faut de manière parallèle prévoir et installer des modèles organisationnels et de management réinventés : semaine de/en quatre jours, semaine de 4 jours et demi, semaine différenciée ou encore agencement en présentiel ou en distanciel…

Le défi du temps de travail comme réaction aux enjeux actuels du travail réside dans une légitimité juridique qui fasse résonance à une légitimation managériale déterminée par trois marqueurs :

- un *changement de paradigme managérial et de GRH* avec un passage d'une rationalité scientifique du travail à une rationalité humaine du travail ;
- une *sortie de l'approche hypocrite du travail* qui amène selon Brunsson (1989) à un décalage entre les discours et pratiques dans les organisations ;
- l'installation d'une *posture managériale humaniste* au sens d'une considération de l'humain dans la manière de manager et de collaborer avec ses équipes.

L'idée à l'avenir ne sera plus de voir le temps de travail comme un temps chronométré mais bien comme un temps expérientiel basé sur le vécu et les ressentis du collaborateur vis-à-vis de sa situation de travail et de son parcours dans l'organisation.

Bibliographie

Brunet, L., & Savoie, A. (2016). Chapitre 3. Constituantes et mesures du climat. *Les Essentiels de la Gestion*, 112-131.

Brunsson, N. (1989). Administrative reforms as routines. *Scandinavian Journal of Management*, *5*(3), 219-228.

Cappelli, P. (1999). *The new Deal at work*, Boston, Harvard Business School Press.

Csikszentmihalyi, M. (1988). The flow experience and its significance for human psychology. *In* M. Csikszentmihalyi & I. Csikszentmihalyi, I. (Eds.) (1988). *Optimal experience: Psychological studies of flow in consciousness* (pp. 15-35). New York : Cambridge University Press.

Deci, E. L., & Ryan, R. M. (2002). Self-determination research: Reflections and future directions. *In* E. L. Deci & R. M. Ryan (Eds.), *Handbook of self-determination research* (pp. 431–441). University of Rochester Press.

Dejours, C. (2021). *Ce qu'il y a de meilleur en nous : Travailler et honorer la vie*. Éditions Payot.

Dietrich, A., & Pigeyre, F. (2016). *La gestion des ressources humaines*. La Découverte, Collection Repères.

Estagnasié, C. (2023). (Dé/re) construire le rapport au temps de travail dans une société post-croissance. *Revue Oeconomia Humana, 1*(1), 70-73.

Gherardi, S., & Strati, A. (1988). The Temporal Dimension in Organization Studies. Organization Studies, 9(2), 149-164. *In* Estagnasié, C. (2023). (Dé/re) construire le rapport au temps de travail dans une société post-croissance. *Revue Oeconomia Humana, 1*(1), 70-73.

Grimand, A. (2006). *L'appropriation des outils de gestion : vers de nouvelles perspectives théoriques ?*. Université de Saint-Etienne.

Karsenty, L. (2016). Confiance au travail. In *Psychologie du Travail et des Organisations* (pp. 128-131). Paris. Dunod. Psycho Sup.

Likert, R. (1967). *The Human organization: Its management and value*. McGraw-Hill.

Rosa, H. (2013). *Social acceleration: A new theory of modernity*. Columbia University Press.

Roussel, P., & Laboratoire interdisciplinaire de recherche sur les ressources humaines et l'emploi (Toulouse). (2000). *La motivation au travail : concept et théories* (Vol. 20). LIRHE, Université des sciences sociales de Toulouse.

Thompson, E. P. (1967). The Past and Present Society. *Past & Present*, *38*, 56-97. *In* Estagnasié, C. (2023). (Dé/re) construire le rapport au temps de travail dans une société post-croissance. *Revue Oeconomia Humana*, *1*(1), 70-73.

Troisième partie

Les nouveaux lieux de travail

Concilier les nouveaux lieux de travail

Delphine THARAUD

Professeure des universités en droit privé
Université de Limoges, OMIJ

Introduire l'idée de nouveauté des lieux de travail dans le questionnement initial ouvre une perspective de mutation des modes de vie et de travail. Dès lors, l'enjeu fondamental n'est pas tant celui des nouveaux lieux de travail en tant que tels que celui des nouvelles technologies conduisant à travailler dans de nouveaux lieux. En effet, le lieu de travail, sous l'ère moderne[97], est intimement lié à l'évolution des technologies de l'information et de la communication (TIC). La preuve en est que le mot télétravail a été intégré dans le dictionnaire en 1978, quand les TIC sont devenues un enjeu social. On parle alors d'une « *forme de travail à distance dans laquelle la personne utilise des outils informatiques et de télécommunications personnels ou partagés* »[98].

De fait, avec ces nouvelles technologies, le travail, du moins certains métiers et certaines fonctions, ont de moins en moins besoin d'un lieu physique fixe d'exécution de la prestation. L'image d'Epinal du télétravail, qui n'est pas loin de la vérité dans beaucoup de cas, est celle d'un travailleur ou d'une travailleuse disposant d'un ordinateur et d'un accès à internet. Pour faire bonne mesure, nous pouvons y ajouter un téléphone portable.

La France a longtemps été considérée comme réticente face à cette nouvelle forme de travail, le cadre managérial traditionnel se mariant peu avec l'éloignement géographique de l'employeur et des équipes. Cependant, le contexte de la crise du Covid est venu rebattre les cartes. Les confinements ont provoqué l'obligation économique pour certaines entreprises de trouver de nouvelles configurations de travail et d'installer le travail au domicile des salariés. Si le confinement n'a pas été nécessairement bien vécu par l'ensemble des citoyens

---

[97] En effet, le travail à domicile n'est pas nouveau. Au début du 20° siècle, deux tiers des Français travaillaient encore à leur domicile. V. A. Prost, Frontières et espaces du privé, *in* P. Ariès et G. Duby (dir.), Histoire de la vie privée, t. 5, Seuil, 1985, 1999, p. 20 ; C. Mathieu, « Travail à domicile et télétravail », *Répertoire de droit du travail*, Dalloz, 2023, § 18.

[98] Sur ce point : C. Teyssier « Télétravail au domicile : une approche juridique des mutations en cours », *Dr. Soc.* 2023, p. 38.

français, il n'en reste pas moins que le télétravail a été une découverte pour certains et la demande de télétravail reste depuis très forte. Il est à souligner que le contexte du Covid a en quelque sorte brûlé certaines étapes. En effet, non seulement, des travailleurs ont pu concevoir de travailler depuis leur domicile, mais ils ont aussi pris conscience qu'ils pouvaient le faire depuis n'importe quel lieu où à partir du moment où une connexion internet suffisante était présente… Cela induit la possibilité de la mobilité géographique et du changement régulier du lieu de travail, mais aussi de l'éloignement spatial grandissant entre le salarié et l'entreprise car les nouvelles technologies permettent de briser les « limites géographiques »[99]. Même si le régime juridique du télétravail est antérieur aux changements profonds engendrés par la crise du Covid, il reste fortement marqué par celle-ci. Aujourd'hui, le télétravail apparaît non plus comme une exception et une situation résiduelle accidentelle mais comme une véritable modalité de travail alternative, pérenne et organisée. Dès lors, il est plus que jamais nécessaire d'envisager les mutations des lieux de travail et de pouvoir les concilier avec des relations contractuelles construites à partir d'un modèle ouvrier où les travailleurs se déplacent chaque jour sur le lieu de l'entreprise pour exécuter la prestation de travail.

Pour effectuer cette analyse, il faut d'abord déterminer quels sont ces nouveaux lieux de travail et comment ils s'intègrent à la relation de travail (I). Ensuite, il sera nécessaire d'envisager la relecture de la relation de travail induite par cette nouvelle géographie du travail (II).

I. Déterminer les nouveaux lieux de travail

Contrairement à ce que l'on pourrait penser intuitivement, le télétravail n'est pas nécessairement effectué au domicile du salarié. En effet, selon la définition qui est donnée à l'article L. 1222-9 du Code du travail, « *le télétravail désigne toute forme d'organisation du travail dans laquelle un travail qui aurait également pu être exécuté dans les locaux de l'employeur est effectué par un salarié hors de ces locaux de façon volontaire en utilisant les technologies de l'information et de la communication* ». Dès lors, il peut être effectué au domicile de la personne, ce qui est la situation de principe en pratique (A), mais il peut

[99] C. Minet-Letalle, « Les tracances à l'épreuve du droit du travail », *Juris tourisme* 2024, n° 273, p. 22.

finalement être exercé en tout lieu dès lors que cela est matériellement et technologiquement possible (B).

A. Le domicile du salarié, situation de principe du télétravail

La mise en place du télétravail en tant qu'alternative au travail au sein des bâtiments de l'entreprise repose sur deux piliers : la négociation (1) et la volonté du salarié (2).

1. Une mise en place qui repose sur la négociation

L'élaboration d'un cadre normatif portant sur le télétravail date de 2002 par l'intermédiaire d'un accord cadre relatif au télétravail signé par les partenaires sociaux européens le 16 juillet 2002.

Dans le contexte national, une première formalisation générale est intervenue par un accord national interprofessionnel en 2005, suivi d'une inscription dans le Code du travail par une loi du 22 mars 2012[100]. Parallèlement, le télétravail a également fait l'objet d'une introduction dans le droit applicable à la fonction publique et est ainsi identifié à l'article 430-1 du Code Général de la Fonction Publique (CGFP)[101].

Dès le départ, on peut comprendre que le cadre du télétravail relève avant tout de la négociation collective. Ce sont les partenaires sociaux, européens et français, qui ont mis le sujet sur la table. L'inscription dans le Code du travail et le CGFP ne modifie pas cette dynamique car les différentes lois qui ont poursuivi l'œuvre du texte de 2012, et qui vont dans le sens d'une plus grande souplesse dans la mise en place du télétravail, continuent à faire ressortir le poids de la négociation collective, voire dorénavant individuelle.

Concrètement cela signifie qu'il est possible de conclure un accord collectif, à défaut une charte élaborée par l'employeur après avis du CSE[102], voire un accord individuel entre le salarié et l'employeur

---

[100] Loi n° 2012-387 du 22 mars 2012 relative à la simplification du droit et à l'allègement des démarches administratives qui porta création des articles L. 1222-9 et suivants du Code du travail. Fait marquant, cette loi était déjà à l'époque une réaction législative face à une pandémie, celle de la grippe H1N1.

[101] Lequel renvoie à l'article L. 1222-9 du Code du travail pour définir le télétravail.

[102] Art. L. 1222-9 al. 3 C. trav. La voie de la négociation collective est donc privilégiée, la solution par l'acte unilatéral de l'employeur qu'est la charte n'est qu'une solution par défaut (A. Lambert, « La charte sur le télétravail », *Bull. Joly trav.* 2022, n° 3, p. 38).

formalisé par tout moyen[103] pour établir les règles de mise en place du télétravail[104].

Malgré cette souplesse, c'est la pandémie liée au Covid qui va véritablement permettre le développement du télétravail, notamment sur le plan formel, avec un deuxième accord national interprofessionnel en date du 26 novembre 2020. Aujourd'hui, le télétravail n'est plus pensé comme un pis-aller, mais une comme une véritable alternative dans les modalités d'exécution de la prestation de travail.

2. Une mise en place qui repose sur la volonté du salarié

Cette assise négociée démontre pleinement le caractère volontaire de la mise en place du télétravail, ce qui est d'ailleurs affirmé dans la définition qui en est donnée par l'article L. 1222-9 du Code du travail et rappelé par l'ANI de 2020 qui parle de « double volontariat[105] ». Ainsi, aucun salarié ne peut être contraint à exécuter sa prestation en télétravail.

Cette restriction s'explique par plusieurs raisons dont nous pouvons ici en signaler deux. D'une part, une raison pratique et technologique : le télétravail suppose une configuration de travail possible au domicile du salarié avec un point essentiel : un accès correct à Internet[106]. D'autre part, un enjeu juridique : le domicile est le lieu de la vie privée et familiale et est protégé en ce sens. Imposer le télétravail, ce serait imposer la sphère professionnelle dans la sphère privée et, ainsi, comme l'exprime la Cour de cassation, imposer une immixtion dans la vie privée[107]. Dès lors, seul un contexte de pandémie peut imposer le télétravail afin d'établir un plan de continuité de l'activité économique (et alors, le caractère imposé du télétravail provient de l'État et non de l'employeur). C'est une situation d'exception qui ne peut remettre en cause le principe du respect de la volonté du salarié dont dépend aussi la protection de son domicile et de sa vie privée.

---

[103] Art. L. 1222-9 al. 4 C. trav.

[104] Règles de souplesse établies par l'ordonnance n° 2017-1387 du 22 septembre 2017.

[105] Art. 2.3.1 de l'ANI de 2020.

[106] L'accès à internet devient alors un véritable enjeu de politique publique en termes d'attraction de nouveaux actifs sur le territoire. Sur ce point : P. Duhamel et F. Gourlay, « Des enjeux géographiques d'importance », *Juris tourisme* 2024, n° 273, p. 31.

[107] Cass. Soc., 7 avril 2010, n° 08-44.865.

En revanche, la volonté du salarié est particulièrement protégée quand il se trouve dans deux situations particulières : lorsqu'il s'agit d'un travailleur handicapé ou d'un aidant (d'un enfant, d'un parent ou d'un proche). Dans ce cas, l'employeur doit justifier son refus de mettre en place le télétravail[108]. Pour tous les salariés, une même exigence de motivation existe lorsque le refus s'effectue malgré l'existence d'un accord ou d'une charte[109]. Dans tous les cas, en revanche, le fait, pour le salarié, de refuser la mise en place du télétravail, n'est pas un motif de rupture du contrat[110]. Dans le même esprit, la mise en place d'une situation de télétravail neutralise l'application d'une éventuelle clause de mobilité[111].

B. Les déclinaisons du télétravail

La définition du télétravail n'incluant pas de condition liée au domicile mais, au contraire, étendant le télétravail en tout lieu[112], celui-ci connaît plusieurs déclinaisons, plus ou moins développées, plus ou moins utopistes également, à partir du moment où l'éventuel accord d'entreprise ne réduit pas le choix au domicile[113]. Il peut ainsi être considéré la question du télétravail à l'étranger et du nomadisme numérique (1), mais également celle du travail pendant les congés du salarié, aussi appelé tracances (2).

1. Le télétravail à l'étranger et le nomadisme numérique

L'article L. 1222-9 du Code du travail reposant sur la liberté du lieu de travail et n'excluant pas expressément le télétravail à l'étranger, il faut en déduire que celui-ci n'est pas interdit. Cependant, le cadre transnational de la relation de travail impose de sécuriser la relation contractuelle. Dès lors, quelle que soit sa durée, le salarié doit en

[108] Art. L. 1222-9 al. 4 C. trav.

[109] Art. L. 1222-9 II C. trav.

[110] *Id.*

[111] Cass. Soc., 31 mai 2006, n° 04-43.592. Sur ce point : J.-E. Ray, « Quel avenir pour les clauses de mobilité géographique ? », *Dr. soc.* 2011, p. 909.

[112] Le télétravail est donc également possible dans un tiers lieu : TJ Nanterre, 10 mars 2021, n° 20/09616.

[113] C. Minet-Letalle, « Les tracances à l'épreuve du droit du travail », *Juris tourisme* 2024, n° 273, p. 22.

informer au préalable l'employeur, lequel peut refuser[114]. Quant aux accords collectifs, ceux-ci excluent régulièrement le télétravail transfrontalier. Le cadre est donc moins permissif que dans le contexte purement interne. Pourtant, ce dernier connaît déjà quelques limites posées par la jurisprudence qui peuvent nous aider à comprendre les enjeux du télétravail à l'étranger. Dans un arrêt rendu par la Cour d'appel de Versailles le 10 mars 2022[115], un salarié travaillant initialement en région parisienne a déménagé en Bretagne. L'employeur, mis devant le fait accompli, indique au salarié qu'il refuse cette situation et enjoint au salarié d'établir son domicile en région parisienne au regard des coûts et des risques de sécurité. Devant le refus du salarié, l'employeur a procédé à un licenciement pour cause réelle et sérieuse au motif que son domicile était trop éloigné de son lieu de travail et que cela entrait en contradiction avec les termes de son contrat de travail dans lequel il était stipulé qu'il travaillait au siège social de la société, soit en région parisienne. La Cour d'appel a validé ce licenciement qui, selon elle, était justifié pour des raisons de sécurité et ne portait pas une atteinte disproportionnée à la liberté d'établir son domicile.

La distance peut donc être source de difficultés, particulièrement en termes de sécurité, dont on comprend d'autant plus l'enjeu lorsque le télétravail s'effectue à l'étranger puisqu'il faut y ajouter des enjeux fiscaux et sociaux non négligeables[116]. De la même manière, la question des coûts engendrés par le télétravail est également sensible. L'employeur doit financer les frais liés au télétravail (frais de connexion, matériel informatique…), ce qui peut être conséquent dans un pays étranger, de même que les frais de déplacement.

Par ailleurs, le télétravail, lorsqu'il est effectué de manière durable à l'étranger, pose la question de la loi applicable au contrat. Or, cette situation spécifique n'est pour l'instant pas envisagée dans les textes. Il ne reste donc qu'à s'appuyer sur les règles applicables habituellement, à savoir que les parties peuvent insérer dans le contrat une clause indiquant la loi applicable au contrat. A défaut de choix de leur part, les règles européennes demandent l'application de la loi du

---

[114] C. Michaud, « Les règles applicables au télétravail à l'étranger », *SS Lamy,* 16 oct. 2023, n° 2063, p. 3.

[115] CA Versailles, 10 mars 2022, n° 20/02208.

[116] C. Mathieu, « Travail à domicile et télétravail », *Répertoire de droit du travail*, Dalloz, 2023, § 246.

pays dans lequel s'effectue habituellement le travail[117]. Cela pose problème dans le cadre du nomadisme numérique ou digital qui suppose un changement régulier de pays. Mais, même sans l'aspect transnational, ce nomadisme repose pour chaque nouvel endroit utilisé dans un but professionnel la question des conditions de travail sur le plan juridique et matériel[118].

2. Le télétravail pendant les congés et les tracances

La question du travail durant les congés est soumise habituellement à une réponse facile, voire évidente : l'idée de congés, et partant de suspension du contrat de travail, suppose l'absence d'obligation de fournir la prestation de travail durant cette période. Cependant, dans un contexte de travail, adossé partiellement ou totalement sur le numérique, surgit le risque d'emporter son matériel de travail avec soi pendant les vacances ou le temps de repos. Travailler pendant ses vacances est dès lors extrêmement facile en pratique.

Cette facilité est même devenue un argument de communication de nouvel équilibre à trouver entre la vie personnelle et la vie professionnelle en se transformant en un outil de lutte contre le burnout. Cependant, cette tendance dite du *workation* ou des tracances ne peut être adaptée au cadre juridique français où les salariés où les congés payés ont un caractère impératif, aussi bien pour l'employeur que pour le salarié qui a l'obligation de prendre effectivement les jours de congés[119]. Dès lors, ce temps de travail sur le lieu de vacances doit être pris en dehors de la période de suspension du contrat, c'est-à-dire pendant le temps de travail. Dès lors, toutes les questions juridiques et matérielles de mise en place du télétravail sont réinitiées. Notamment, si un accord ou une charte existe, il faudra que ce lieu de travail inhabituel réponde aux exigences posées par le texte (qualité de la connexion internet, possibilité d'avoir une pièce isolée pour

---

[117] Sur cette question : B. Palli, « Le télétravail frontalier et transfrontalier : à la recherche d'un lien de rattachement spécifique », *RDT* 2023, p. 655.

[118] Ce nomadisme était d'ailleurs déjà envisagé dans l'ANI de 2005 avant que l'aspect international de ce nomadisme apparaisse réellement en pratique.

[119] Deux justifications sont apportées à ce caractère impératif pour le salarié : le respect de ses besoins physiologiques, mais également la prise en compte de l'intérêt des demandeurs d'emploi. Sur ces points : H. Rose et Y. Chalaron, « Congés payés annuels », *Répertoire de droit du travail*, Dalloz, 2024.

travailler…)[120]. Ces questionnements montrent pleinement que derrière le lieu de travail, c'est la relation quotidienne entre l'employeur et le salarié qu'il faut redessiner.

II. Redessiner le contenu de la relation de travail

En gommant les frontières des lieux et des temps de vie, le télétravail suppose de repenser certains éléments de la relation de travail. Tout d'abord, certains risques, comme ceux liés à la sécurité que nous avons vus dans un contexte extrême, se retrouvent finalement quelle que soit la situation de télétravail et supposent de relire les obligations de l'employeur durant l'exécution du contrat de travail (A). Ensuite, il faut également repenser les rapports d'égalité et de discrimination puisque le télétravail permet de dessiner les contours de différentes catégories de salariés selon qu'ils y ont ou non accès (B).

A. Relire les obligations de l'employeur relatives aux conditions de travail

Certains auteurs parlent de « recomposition des conditions de travail[121] » découlant du télétravail. Dans les faits, deux grandes catégories d'enjeux conduisent à devoir redéfinir ou aménager les obligations inhérentes de l'employeur : celle concernant la santé et la sécurité (1) et celle relative au temps de travail qui débouche sur la question de la surveillance de l'employeur (2).

1. Les risques liés à la santé et à la sécurité

Nous ne pouvons pas faire l'économie d'une typologie des risques propres au télétravail qui demandent une relecture des obligations de l'employeur.

Tout d'abord, se pose la question du risque d'isolement des travailleurs qui exécutent leur prestation régulièrement ou totalement en télétravail. En effet, le télétravail signe la fin, du moins l'amoindrissement, de l'entreprise comme lieu de rassemblement et de

---

[120] C. Minet-Letalle, « Les tracances à l'épreuve du droit du travail », *Juris tourisme* 2024, n° 273, p. 22.

[121] C. Teyssier « Télétravail au domicile : une approche juridique des mutations en cours », *Dr. Soc.* 2023, p. 38.

lieu de vie en collectivité. Le télétravail conduit dès lors à un risque de manque de sociabilité et *in fine* d'isolement ou de placardisation[122]. Ce risque d'isolement est bien noté dans l'ANI de 2020 qui insiste lourdement sur la vigilance à apporter « à la préservation de la cohésion sociale interne, aux conditions de maintien du lien social entre les collaborateurs, au regard des rapports sociaux, voire de la perte de lien social inhérente à l'utilisation des outils de télécommunication à distance ». Il s'agit d'un enjeu de santé au travail, mais aussi d'existence des relations collectives de travail. Cet isolement peut en effet nourrir une forme de détachement et d'individualisme néfaste à la représentation syndicale au sein de l'entreprise ou à la bonne santé des institutions représentatives du personnel. C'est la raison, du moins l'une des raisons, pour laquelle le temps de télétravail total, appelé travail en remote, est rarement accepté. Le modèle habituel, qui se rencontre dans 71% des accords collectifs portant sur cette question, est celui de 2 à 3 jours de télétravail par semaine[123]. Cette alternance des lieux de travail permet un temps de présence minimal dans l'entreprise en préservant les liens sociaux professionnels qui font partie intégrante de l'épanouissement personnel[124].

Ensuite, le lieu de travail extérieur à l'entreprise repose également la question de savoir comment l'employeur peut remplir son obligation de sécurité qui contient l'exigence de conditions de travail saines. Cette obligation renferme différents aspects dont celui de la mise en sécurité des lieux de travail. Cela inclut des exigences en matière d'aération, d'assainissement et d'éclairage[125] ou encore de prévention des incendies. Or, le Code du travail indique que le lieu de travail doit être entendu comme « les lieux destinés à recevoir des postes de travail, situés ou non dans les bâtiments de l'établissement »[126]. Le premier ANI de 2005 maintient des obligations identiques de l'employeur quel que soit le lieu de travail, ce qui sera cependant amoindri par celui de 2020 qui tient compte du fait que l'employeur ne peut avoir la maîtrise complète des conditions de travail qui se déroulent dans un lieu privé. En pratique, la question est résolue par le biais d'une attestation sur

---

[122] L. de Montvalon, « La placardisation », *Dr. soc.* 2023, p. 443.

[123] Ministère du travail, *Bilan de la négociation collective 2021*, 2022.

[124] CEDH, 16 décembre 1992, *Niemietz c. Allemagne*, n° 13710/88.

[125] Art. R. 4211-1 Code du travail.

[126] Art. R. 4211-2 et R. 4222-1 Code du travail.

l'honneur de conformité signée par le salarié[127]. Par ailleurs, bien évidemment, afin que le télétravail soit possible et s'effectue dans des conditions correctes[128], l'employeur doit fournir et entretenir les équipements nécessaires à l'activité professionnelle. Cependant, certains accords collectifs excluent le financement par l'employeur de quelques équipements comme une chaise ergonomique ou un repose-pied[129]. D'autres textes négociés s'intéressent plus précisément au contexte du télétravail et exigent parfois un lieu calme et propice à la concentration ou une pièce entièrement dédiée à l'activité professionnelle, voire une installation chauffée et ventilée ou un espace réduisant les risques de chute.

Enfin, le télétravail suppose une relecture pratique des accidents de travail. Celui-ci est défini comme « quelle qu'en soit la cause, l'accident survenu par le fait ou à l'occasion du travail à toute personne salariée ou travaillant, à quelque titre ou en quelque lieu que ce soit, pour un ou plusieurs employeurs ou chefs d'entreprise[130] ». Cette définition s'applique au télétravail sans aménagement puisque le lieu de travail est indifférent, seul comptant le lien avec l'exécution du contrat de travail. L'article L. 1222-9 du Code du travail précise par ailleurs que « l'accident survenu sur le lieu où est exercé le télétravail pendant l'exercice de l'activité professionnelle du télétravailleur est présumé être un accident de travail au sens de l'article L.411-1 du code de la sécurité sociale ». Si la définition n'est pas modifiée, il n'en reste pas moins que le contexte particulier de l'exécution de la prestation par le salarié dans le cadre du télétravail, demande aux parties et aux juges une lecture factuelle spécifique. Deux décisions de cour d'appel peuvent nous aider à débusquer ces difficultés pratiques. Dans le

---

[127] C. Teyssier « Télétravail au domicile : une approche juridique des mutations en cours », *Dr. Soc.* 2023, p. 38. Cette attestation ne permet pas l'employeur de se dégager de sa responsabilité. Cependant, en télétravail ou non, le salarié est lui aussi soumis à une obligation de sécurité. Dès lors, le manquement à cette obligation prouvée par l'attestation signée malgré un contexte de travail en contradiction avec celle-ci, permet d'établir une faute pouvant conduire à une sanction disciplinaire.

[128] Certaines catégories de salaries tels que les travailleurs handicapés ou les femmes enceintes supposent de ce point de vue une attention particulière. V. C. Mathieu, « Le recours au télétravail », *Répertoire de droit du travail. Travail à domicile et télétravail*, Dalloz, 2023.

[129] C. Teyssier « Télétravail au domicile : une approche juridique des mutations en cours », *Dr. Soc.* 2023, p. 38.

[130] Art. L. 411-1 CSS.

premier arrêt, une salariée de la CPAM s'est déconnectée à 16h01 et a fait une chute dans ses escaliers à 16h02. Elle prévient son employeur quelques heures plus tard et essaye d'obtenir la qualification d'accident du travail. Elle argue du fait que dans un contexte de travail dans les locaux de l'entreprise, cette qualification aurait été reconnue. Mais la Cour d'appel ne retient pas ce parallèle et estime que l'accident a eu lieu en dehors du temps de travail, ce qui est attesté par le débadgeage de la salariée. Dès lors, la présomption d'imputabilité ne s'appliquant pas, c'est à la salariée de rapporter la preuve du lien entre l'accident et l'exécution de la prestation de travail, ce qu'elle n'effectue pas[131]. Dans la seconde affaire[132], le salarié d'une banque a subi, à 8h30, une panne informatique intervenue à la suite d'un choc qui s'est produit à l'extérieur de son domicile. Ayant entendu de dernier, il décide de sortir pour trouver une explication à la panne. Il s'est avéré que la coupure de réseau était due au chauffeur d'un camion qui était rentré dans un poteau téléphonique, rompant ainsi la connexion du salarié. Pendant que celui-ci discute avec le responsable de l'accident, un second véhicule arrive et tire sur les câbles distendus sortant maintenant du poteau faisant tomber celui-ci sur le salarié. L'histoire se termine par une plaie ouverte du crâne et de multiples fractures. La Cour d'appel de la Réunion ne qualifie pas cette situation d'accident du travail. En effet, si le salarié estime être sorti de son domicile dans un but professionnel afin de vérifier l'état du réseau et ainsi poursuivre son activité professionnelle, au contraire, les juges estiment qu'il a cessé le travail pour des motifs personnels, aucune injonction à trouver l'origine de la panne n'ayant été émise par l'employeur. La présomption d'imputabilité est ici encore rejetée, ce qui semble dessiner une dynamique assez stricte des juges du fond[133] qui réduisent l'appréciation du temps et du lieu de travail à leur minimum.

[131] CA Amiens, 15 juin 2023, n° 22/00474.

[132] CA Saint-Denis de La Réunion, 4 mai 2023, n° 22/00884.

[133] Sur les mêmes difficultés éprouvées concernant les fonctionnaires : S. Deliancourt, « L'accident survenu pendant la pause méridienne de l'agent en télétravail peut constituer un accident de service... ou pas », *AJFP* 2023, p. 634.

2. La question du temps de travail et le pouvoir de surveillance de l'employeur

Déjà effleurée concernant les accidents du travail, la question du temps de travail dans un contexte de prestation exécutée à distance fait résonner la question du temps de travail de manière très aiguë. Sont ainsi questionnés la durée du travail et le droit à la déconnexion, mais également la surveillance de la prestation par l'employeur[134] dans un contexte de plus grande porosité entre la vie personnelle et la vie professionnelle. Les règles de temps de travail, de repos et les exigences de transparence et d'information dans le calcul des heures de travail, ce qui comprend les heures supplémentaires[135], s'appliquent en télétravail comme dans un cadre classique d'exécution du contrat. En complément, nous pouvons dire que les règles de calcul telles que connues pour les salariés en forfait jours s'appliquent identiquement lorsque ceux-ci sont en télétravail. Dès lors, le sujet réellement spécifique est celui de l'auto-déclaration des heures par le salarié. La Cour de cassation reconnait que cela est possible, mais à partir du moment où les modalités de transmission des éléments permettent à l'employeur de moduler la charge de travail[136].

Quant au droit à la déconnexion, il n'est généralement pas traité de manière spécifique dans les accords traitant du télétravail, mais fait l'objet d'une négociation dédiée qui s'applique également aux télétravailleurs[137]. On note une tendance actuelle à mettre en avant la notion de joignabilité, autrement dit la mise en place de plages horaires pendant lesquelles le salarié est joignable par l'employeur ou au contraire n'est pas joignable[138].

Cette question glisse vers celle du pouvoir de surveillance de l'employeur. L'emploi des nouvelles technologies par le salarié signifie qu'il peut en être de même pour l'employeur, notamment dans

[134] J.-E. Ray, « Contrôler la durée du travail… chez soi », Dr. soc. 2022, p. 21.

[135] Sur la question de la preuve de ces heures supplémentaires : P. Lokiec, « La preuve des heures supplémentaires », *Dr. Soc.* 2024, p. 621

[136] Cass. Soc., 14 décembre 2022, n° 21-18.139.

[137] L. de Montvalon et L. Enjolras, « Régulation de la charge de travail et droit à la déconnexion, entre prévention des risques et promotion de la santé mentale », *RDT* 2023, p. 606.

[138] C. Teyssier « Télétravail au domicile : une approche juridique des mutations en cours », *Dr. Soc.* 2023, p. 38.

l'exercice de son pouvoir de surveillance. Nous le savons, la question des nouvelles technologies irrigue la jurisprudence dédiée à ce pouvoir : utilisation de caméras, enregistrements audios, ou surveillance du GPS[139]… Même à distance, les employeurs ont à leur disposition un ensemble de technologies qui peuvent impliquer une surveillance très forte comme les dispositifs audio ou vidéo qui enregistrent la présence du salarié à son poste de travail, les demandes de partage d'écran permanent ou sur de grandes plages horaires ou encore un keylogger qui permet d'enregistrer les frappes sur le clavier[140]. L'essentiel des difficultés se concentre alors sur la question de la proportionnalité du moyen de surveillance dans un contexte où la vie professionnelle se déploie au sein du domicile ou d'un lieu accueillant la vie privée du salarié. Il faut ici rappeler que le licenciement, même seulement partiellement tiré de la vie privée, encourt la nullité[141]. Dans le même esprit, la Cour de cassation fait la distinction entre la vie personnelle (qui donne éventuellement lieu à un licenciement sans cause réelle et sérieuse) et la vie privée (qui engage la nullité du licenciement)[142]. La question qui pourra à l'avenir être posée aux juges est alors de savoir si le contexte privé du télétravail peut permettre de basculer dans le cadre du respect de la vie privée et ainsi entrainer la nullité du licenciement.

B. Repenser les dynamiques d'inégalité et de discrimination

Les télétravailleurs dessinent dorénavant une catégorie de salariés à part entière. Cette catégorisation conduit à repenser les schémas d'égalité (1), mais également repose la question de l'égalité entre les femmes et les hommes selon le recours au télétravail qui est fait (2).

---

[139] Sur cette question : J. Mouly, « Art. 2. Procédés de contrôle et de surveillance du salarié », *Répertoire de droit du travail*, « Droit disciplinaire – Fautes disciplinaires », Dalloz, 2024.

[140] C. Mathieu, « Travail à domicile et télétravail », *Répertoire de droit du travail*, Dalloz, 2023,

[141] Pour une illustration récente : Cass. Soc., 25 septembre 2024, n° 23-11.860.

[142] Cass. Soc., 25 septembre 2024, n° 22-20.672, à propos de la consommation de drogue du salarié.

1. Repenser l'égalité entre tous les salariés

Le droit du travail repose sur un principe général d'égalité de traitement entre tous les salariés[143] qui se décline au bénéfice des télétravailleurs[144]. Cependant, le télétravail présente des particularités fortes qui peuvent introduire la tentation ou le besoin de les traiter de manière différente. Dès lors, il existe un risque d'inégalités entre les salariés en télétravail face aux risques selon le contexte dans lequel ils effectuent celui-ci. En effet, les exigences concernant les conditions de travail peuvent grandement fluctuer en raison du caractère extrêmement négocié, sur le plan individuel comme sur le plan collectif, du droit du télétravail. Sur le plan de la négociation collective, il faut souligner que les différences introduites par ce moyen bénéficient d'une présomption de justification[145], sauf si cela touche une question liée à une discrimination[146]. Or, les différences factuelles existant entre télétravailleurs et travailleurs classiques peuvent venir aisément légitimer une différence de traitement. Ainsi, une « prime de cantine fermée » peut exclure les premiers[147]. Ce cadre permet d'envisager assez facilement des différences de traitement supportées par le télétravail.

Cependant, toute problématique égalitaire n'est pas évacuée. En effet, l'éloignement de la personne en télétravail peut être néfaste à son avancement de carrière. Il faut donc être vigilant à la question de l'égalité dans l'établissement des primes et des décisions en termes d'avancement de carrière. Sur ce point, la négociation d'entreprise ou de branche peut être un levier opportun. Plus largement, nous nous permettons d'insister sur le caractère catégoriel du télétravail : ces nouveaux lieux de travail, c'est-à-dire en dehors des locaux de l'entreprise, ne peuvent de fait concerner que certains travailleurs qui

---

[143] Cass. Soc., 10 juin 2008, n° 06-46.000.

[144] Art. L. 1222-9 C. travail. Sur ce point : P. Lokiec, « La preuve des heures supplémentaires », *Dr. Soc.* 2024, p. 621. Le principe a été clairement mis en avant par l'ordonnance du 22 septembre 2017 puis par l'ANI de 2020.

[145]Cass. Soc., 27 janv. 2015, n°13-14.773, 13-14.908, 13-22.179 et 13-25.437 ; Soc. 3 avril 20219, n° 17-11.970.

[146] Cass. Soc., 13 décembre 2017, n° 16-12.397.

[147] Cass. Soc., 24 avril 2024, n° 22-18.031.

occupent des emplois « géo-indépendants »[148]. La question glisse du télétravail en tant que tel aux catégories de salariés qui peuvent avoir accès au télétravail. Cette possibilité est un marqueur d'inégalités sur certains aspects (possibilité de s'éloigner des zones aux coûts immobilier élevés en l'absence de nécessité de transport quotidien par exemple, absence d'exposition à certains risques...) qui constituent un enjeu social et territorial qui ne concernent pas l'employeur. En revanche, ce dernier, ainsi que les partenaires sociaux dans le cadre de la négociation collective, doivent veiller à ce que le télétravail ne devienne pas le moteur d'inégalités entre les catégories de salariés pouvant bénéficier du travail à distance et ceux ne le pouvant pas dès lors que la différence de traitement ne trouve pas directement sa justification dans le contexte spécifique du télétravail.

2. Repenser l'égalité entre les sexes

Le télétravail oblige à réinvestir la question de l'égalité entre les sexes[149]. Comme nous l'avons évoqué, le télétravail repose la question de la porosité entre la vie privée et la vie professionnelle et plus particulièrement celle de l'articulation entre ces deux temps. Il permet une forme de souplesse dans son organisation personnelle qui est bienvenue pour tous, mais sans aucun doute encore plus recherchée par les parents et, dans un contexte de répartition encore genrée des tâches, par les mères de famille. Pour illustrer ce fait, nous pouvons reprendre le discours du PDG de la PME Inodesign, fabriquant des composants électroniques, qui a développé le télétravail ouvrier. Autrement dit, les ouvriers exécutent la prestation de travail chez eux. Ce dirigeant explique alors que « Jusqu'à 30% des câbles sont ainsi assemblés à la maison, par des mères de famille, qui peuvent ainsi organiser leur travail comme elles le souhaitent »[150]. Ce discours axé sur répartition genrée de tâches associée à une organisation familiale elle aussi genrée illustre la vigilance à conserver sur le plan de l'égalité entre les sexes,

---

[148] C. Mahéo et C. Marinos, « « Tracances » ou la dimension touristique des nouvelles formes de travail », *Juris tourisme* 2024, n° 273, p. 18.

[149] D. Tharaud, « Crise sanitaire et droits des femmes : une possible régression ? », in H. Pauliat et S. Nadaud (Dir.), La crise de la Covid-19, LexisNexis, 2020, p. 435.

[150] G. Deljurie, « InoDesign, la pépite de l'électronique et des câbles made in Hauts-de-France », La Tribune, 26 octobre 2021.

d'autant plus avec cadre relativement souple de possibilités de différenciation, comme nous l'avons déjà constaté.

Ces propos montrent ainsi qu'il existe un risque de discrimination entre les femmes et les hommes à partir du moment où l'activité offerte au télétravail est peu mixte. Le télétravail repose donc la question de la discrimination, surtout dans sa forme indirecte[151]. En effet, la différenciation, qui peut être objectivement expliquée par la situation de télétravail, peut conduire à désavantager les salariées si le travail à domicile est essentiellement exercé par elles.

Par ailleurs, en croisant les sphères professionnelle et personnelle, le télétravail vient nourrir des interrogations pour l'employeur qui restent habituellement de l'ordre de la vie privée. Ainsi, quid de l'existence de violences domestiques dans une situation de télétravail[152] ?

---

[151] Art. 1 al. 2, loi n° 2008-496 du 27 mai 2008 portant diverses dispositions d'adaptation au droit communautaire dans le domaine de la lutte contre les discriminations : « Constitue une discrimination indirecte une disposition, un critère ou une pratique neutre en apparence, mais susceptible d'entraîner, pour l'un des motifs mentionnés au premier alinéa, un désavantage particulier pour des personnes par rapport à d'autres personnes, à moins que cette disposition, ce critère ou cette pratique ne soit objectivement justifié par un but légitime et que les moyens pour réaliser ce but ne soient nécessaires et appropriés ».

[152] Sur cette question : J. Duchatel et M. Baldeck, « Quel rôle a l'entreprise dans la lutte contre les violences domestiques ? », *RDT* 2023, p. 672.

Les mutations du travail : nouveaux espaces et nouvelles pratiques managériales

François GRAVIÉ-PLANDÉ
Maitre de conférences en sciences de gestion, Membre du CREOP (UR – 15561)

Les transformations profondes du monde du travail se sont accélérées ces dernières années, portées par des mutations économiques et sociales, des crises globales comme la pandémie de COVID-19, et des attentes sociétales en constante évolution. Par exemple, la digitalisation massive des processus de travail a permis à certaines entreprises de maintenir leur activité durant la crise sanitaire, tout en favorisant l'adoption du télétravail à une échelle sans précédent. Ces bouleversements redéfinissent non seulement les espaces de travail, mais également les pratiques managériales et les modes de collaboration.

Historiquement, le lieu de travail représentait un **espace central de socialisation et d'interaction interclasses**. Les établissements industriels, par exemple, réunissaient des profils variés : ouvriers et ingénieurs, employés et cadres, favorisant une interconnaissance sociale. Cependant, la transition vers une économie majoritairement tertiaire a radicalement modifié cette dynamique. Avec le **déclin de l'emploi industriel**, des secteurs comme les services à haute valeur ajoutée (finance, technologie) et ceux à faible valeur ajoutée (restauration, commerce) se sont polarisés. Ce phénomène, couplé à un **accroissement de la ségrégation résidentielle et géographique** (Reardon et Bischoff, 2011 ; Musterd et al., 2016), est venu renforcer l'**entre-soi professionnel**, qui est passé de 27 % en 1993 à 36,5 % en 2020 en France.

Par ailleurs, cette polarisation a eu des répercussions directes sur la **cohésion sociale globale**. Alors que le lieu de travail centralisé favorisait autrefois les échanges spontanés entre différents groupes sociaux, l'émergence de nouvelles formes d'organisation, telles que le télétravail et les tiers-lieux, pose désormais la question de leur impact sur le capital social des individus. Les travaux de Héran (1988) montrent que les actifs passaient, avant, davantage de temps à échanger avec leurs collègues qu'avec leurs voisins, illustrant alors le rôle clé du lieu de travail comme espace d'interaction et de construction de liens.

Ainsi, ces nouvelles modalités de travail soulèvent-elles des défis majeurs à relever. La **recomposition des espaces professionnels**, tout en offrant une plus grande flexibilité, risque finalement de fragmenter davantage les interactions sociales et professionnelles. Le lieu de travail, autrefois perçu comme un **pivot de la vie sociale**, doit désormais s'adapter à des modèles hybrides tout en maintenant sa fonction essentielle de socialisation.

C'est dans ce contexte que se pose la question centrale de la **conciliation des lieux et des espaces de travail**. La conciliation, selon le dictionnaire de l'Académie française, consiste à « *mettre d'accord des personnes qu'opposent ou que divisent leurs intérêts, leurs opinions, leur caractère* ». Cette définition permet de souligner la tension inhérente à la coexistence de ces nouveaux modèles, mais aussi leur potentiel à redéfinir positivement les dynamiques sociales et professionnelles.

Pourtant, le travail reste un levier majeur de cohésion sociale. Il favorise la **circulation des ressources clés** (informations, savoirs) et contribue à la construction du capital social des individus. Le lieu de travail reste ainsi l'un des rares espaces où les interactions spontanées et les rencontres intergroupes se produisent encore.

Ce chapitre explore ces évolutions à travers trois axes principaux :

1. Les nouveaux espaces de travail et leurs implications.
2. Les impacts de ces transformations sur les pratiques managériales.
3. Les enjeux organisationnels et éthiques associés.

Il vise à fournir une réflexion à la fois théorique et pratique, accessible aux universitaires et aux professionnels, pour mieux comprendre et anticiper les défis de ces mutations.

1. Les nouveaux espaces de travail : hybrides et collaboratifs

1.1. Le télétravail : entre flexibilité et complexité

La pandémie de COVID-19 a agi comme un véritable catalyseur pour l'essor du télétravail, transformant en profondeur et durablement les pratiques professionnelles. Selon Barrero, Bloom et Davis (2021), une majorité d'employés exprime aujourd'hui une préférence pour le travail à domicile au moins une journée par semaine. Cette préférence s'explique par des avantages significatifs, tels que l'absence de trajets domicile-travail, une flexibilité accrue dans la gestion des horaires, et une meilleure organisation du temps personnel et du temps professionnel (Aksoy et *al.*, 2023). Ces bénéfices cumulés permettent notamment aux collaborateurs de mieux harmoniser leurs phases de vie, professionnelle et personnelle, contribuant ainsi à une amélioration de leur qualité de vie globale.

Cependant, le télétravail trouve très vite ses limites et soulève des défis complexes. Une étude du cabinet Gallup (2022) révèle que les employés travaillant exclusivement à distance présentent un **taux d'engagement inférieur de 15 %** par rapport à ceux adoptant un mode hybride. Ce constat met en lumière l'importance des interactions en présentiel pour maintenir la motivation, la cohésion d'équipe et le sentiment d'appartenance à l'organisation. De plus, les enquêtes menées au Royaume-Uni et en Allemagne (Gueguen et Senik, 2023 ; Senik et *al.*, 2024) montrent que le télétravail intégral peut avoir des effets négatifs sur le bien-être personnel global. Parmi les impacts observés, figurent une baisse de la concentration, une diminution du sentiment d'utilité ainsi qu'une augmentation du risque de troubles psychologiques, tels que la dépression et l'isolement social.

À l'inverse, les modèles hybrides, combinant télétravail partiel et présence au bureau, semblent apporter un équilibre bénéfique. Ces configurations permettent non seulement de réduire les démissions (jusqu'à **35 %** selon Lewandowski, Lipowska et Smoter, 2022), mais aussi d'améliorer la satisfaction au travail. Les employés bénéficient alors d'une flexibilité tout en maintenant des opportunités d'interaction physique, essentielles pour maintenir la cohésion sociale et les dynamiques de travail.

En outre, le télétravail modifie en profondeur la **dynamique des équipes et les pratiques managériales**. Les managers doivent repenser leur approche pour maintenir la collaboration et la productivité. Cela inclut l'utilisation accrue d'outils de communication numérique, tels que Slack ou Microsoft Teams, et l'organisation de rituels d'équipe réguliers, comme des réunions hebdomadaires ou des points informels virtuels. Ces changements soulèvent des **questions de leadership**, car la gestion à distance exige une transformation des modes de supervision : elle repose davantage sur la **confiance mutuelle**, la délégation des responsabilités et la capacité à inspirer les collaborateurs sans recours à un contrôle direct.

Certaines entreprises ont introduit des initiatives spécifiques pour pallier les effets négatifs du télétravail. Par exemple, les **"journées de connexion"**, qui rassemblent périodiquement les équipes sur site, visent à renforcer les liens sociaux et culturels au sein de l'organisation. Ces journées sont souvent consacrées à des activités collaboratives, des ateliers ou des événements informels, favorisant directement la **reconnexion humaine** entre les collaborateurs. Ces moments sont également l'occasion de réaffirmer la vision et les valeurs de l'entreprise, tout en cultivant un sentiment d'unité et d'appartenance.

Enfin, le télétravail pose des questions stratégiques liées à l'aménagement des espaces professionnels. Certaines entreprises reconfigurent leurs bureaux pour les adapter à ces nouveaux modes de travail, en transformant les espaces individuels en zones collaboratives ou en mettant à disposition des tiers-lieux pour les salariés. Ces choix témoignent d'une évolution durable des organisations face à un modèle de travail qui ne cesse de se réinventer.

1.2. Le nomadisme numérique : une mobilité accrue

Le nomadisme numérique, phénomène croissant à l'ère des technologies avancées, s'applique à des travailleurs capables d'exercer leur activité depuis divers lieux, souvent à l'étranger, grâce à des outils numériques. Popularisé par Timothy Ferriss dans son ouvrage *The 4-Hour Workweek* (2007), ce modèle redéfinit les frontières traditionnelles du travail en introduisant et en optimisant la **géographie professionnelle**. Il permet de réduire les coûts de la vie, d'accéder à des environnements inspirants, et de maintenir une activité à portée internationale. De Bali à Lisbonne, les nomades numériques ont la capacité d'explorer des lieux variés tout en poursuivant leurs objectifs professionnels, voulant ainsi incarner un idéal de liberté et de flexibilité.

Cependant, cette forme de travail, aussi attrayante soit-elle, induit des **défis majeurs**. L'**isolement social**, l'**instabilité géographique**, et la nécessité d'une **adaptation constante** à des environnements culturels et organisationnels variés figurent parmi les principales contraintes et pas des moindres. Par exemple, un article de la *Harvard Business Review* décrit les difficultés rencontrées pour trouver des espaces de travail équipés et un réseau social stable, venant affecter directement la productivité et le bien-être du collaborateur nomade. Ces défis soulignent l'importance de maintenir un **soutien organisationnel structuré** pour permettre aux nomades numériques de tirer pleinement parti de leur mobilité choisie.

Les organisations doivent adapter leurs pratiques pour répondre aux besoins spécifiques de ces travailleurs. Cela inclut :

- **L'accès à des outils de collaboration performants** : Des plateformes comme **Slack**, **Trello** ou **Asana** jouent un rôle crucial en permettant un suivi transparent des projets et en favorisant une communication fluide, même dans des contextes géographiquement dispersés.
- **Des cadres contractuels clairs et flexibles** : Des contrats doivent définir les responsabilités, les attentes en matière de disponibilité et les règles en matière de gestion des fuseaux horaires.
- **La prévention du burnout** : Le nomadisme numérique brouille souvent la frontière entre vie professionnelle et vie personnelle. Il devient essentiel de sensibiliser les travailleurs à une gestion stricte de leur temps et de promouvoir des pratiques efficaces favorisant un équilibre personnel et professionnel sain, comme la mise en place de plages horaires non travaillées ou l'intégration de pauses régulières.

En marge de ces défis, le nomadisme numérique ouvre des **opportunités économiques et sociales significatives**. Il contribue à la revitalisation de régions historiquement moins attractives grâce à l'émergence de **villages numériques**. Des initiatives locales, observées dans des zones rurales ou semi-urbaines, offrent des infrastructures adaptées (coworking, logements connectés) pour attirer des travailleurs mobiles. En retour, ces villages favorisent la création d'un écosystème dynamique, combinant :

- **La présence de travailleurs mobiles internationaux**, qui apportent une diversité culturelle et économique.
- **L'implication d'entrepreneurs locaux**, profitant de l'afflux de talents et d'opportunités de collaboration.

Des exemples comme le village de Ponta do Sol à Madère, ou encore des projets similaires en Croatie et en Estonie, montrent comment ces lieux d'abord ignorés deviennent des pôles d'innovation et de créativité, stimulant le développement économique local tout en renforçant l'attractivité de nouveaux territoires.

Enfin, le nomadisme numérique contribue à une redéfinition des modèles professionnels traditionnels, remettant en question la nécessité historique d'un ancrage géographique fixe. Cette évolution, bien que stimulante, appelle à une réflexion sur les **modèles managériaux** et les **cadres législatifs**, pour s'assurer que ce mode accru de mobilité puisse prendre place dans des conditions justes et durables pour tous les acteurs impliqués.

1.3. Les tiers-lieux : innovation et inclusion

Les tiers-lieux, concept émergent et en pleine expansion, désignent des espaces hybrides situés entre le domicile et le bureau, dédiés à la collaboration, à l'échange et à l'inclusion sociale. Ces lieux variés incluent des **espaces de coworking**, des **cafés associatifs**, des **fab labs**, mais aussi plus singulièrement des **potagers partagés**, chacun venant répondre à des besoins spécifiques de communautés locales et professionnelles. En Nouvelle-Aquitaine, par exemple, les tiers-lieux se multiplient pour répondre tout à la fois à des enjeux d'**inclusion numérique**, de **développement durable**, et de revitalisation de territoires ruraux.

L'attractivité des tiers-lieux repose sur leur capacité à offrir des **avantages multiples**, tant pour les individus que pour les organisations et les territoires. Ils constituent des **espaces d'interconnexion** favorisant la création de réseaux professionnels, où les travailleurs indépendants, entrepreneurs, et employés de grandes entreprises peuvent se rencontrer, échanger et collaborer. En outre, leur implantation dans des zones péri-urbaines ou rurales participe à la **dynamisation économique** des territoires, en attirant des talents et en soutenant les initiatives locales.

Cependant, il ne faut pas oublier que le développement des tiers-lieux occasionne des **défis logistiques et organisationnels**. Leur succès repose sur leur capacité à s'adapter aux besoins diversifiés de leurs utilisateurs. Cela inclut :

- **Des espaces modulables** : Les tiers-lieux doivent proposer des aménagements flexibles, capables d'accueillir aussi bien des sessions de travail individuel que des réunions d'équipe ou des ateliers collaboratifs.
- **Des services personnalisés** : Qu'il s'agisse de services de restauration, de garderie, ou encore d'assistance numérique, ces lieux doivent répondre aux attentes spécifiques de leurs usagers, à l'échelle du temps journalier.
- **Une coordination efficace** : L'intégration des tiers-lieux dans les stratégies **organisationnelles** nécessite une gestion claire et des partenariats solides avec les entreprises et les collectivités locales.

Outre leur visée professionnelle, les tiers-lieux tendent également à remplir un **rôle social essentiel**, en renforçant le **lien communautaire**. Ils transcendent alors le cadre strictement professionnel en proposant des **activités conviviales et inclusives**. Par exemple, certains tiers-lieux intègrent des **ateliers de formation pour les populations locales**, notamment dans le domaine de l'éducation et de l'autonomie numérique. Ces initiatives permettent d'accompagner les individus dans la maîtrise des outils technologiques, tout en créant des opportunités d'apprentissage et par voie de conséquence de socialisation.

De plus, les tiers-lieux tendent à favoriser la **transition écologique** en promouvant des pratiques considérées comme durables. Des exemples incluent :

- **Les potagers partagés**, qui sensibilisent à l'agriculture urbaine et à l'alimentation locale.
- **Les ateliers de réparation** (repair cafés), qui encouragent la réduction des déchets grâce à la réutilisation et à la réparation d'objets du quotidien.

Enfin, ces espaces hybrides participent à la **reconfiguration des modes de travail traditionnels**, en offrant de manière insensible mais efficace une alternative au bureau centralisé ou au télétravail isolé. Ils créent des **espaces intermédiaires**, où la frontière entre travail et loisirs s'estompe, tout en renforçant le sentiment d'appartenance à une communauté.

En Nouvelle-Aquitaine, l'essor des tiers-lieux s'inscrit dans une démarche globale visant à soutenir les dynamiques locales. Ces espaces deviennent des **laboratoires d'innovation sociale**, où les habitants, les travailleurs et les entrepreneurs peuvent collaborer pour répondre aux enjeux contemporains, qu'ils soient économiques, sociaux ou environnementaux.

2. Les impacts sur les pratiques managériales

2.1. L'évolution des compétences managériales

Les mutations profondes du monde du travail, qu'elles soient technologiques, sociétales ou organisationnelles, exigent de l'ensemble des managers une **adaptation continue** et une transformation accélérée de leurs pratiques. Face à ces défis, les managers doivent devenir des **stratèges visionnaires**, capables de mobiliser leurs équipes dans des environnements complexes et toujours en perpétuel changement.

Les compétences clés identifiées

Le référentiel de l'OCDE met en avant plusieurs compétences managériales essentielles dans ce contexte :

- **La résolution de problèmes complexes**

  La volatilité croissante des marchés, les crises sanitaires et les changements technologiques imposent aux managers de savoir désormais naviguer dans l'incertitude. Ils doivent analyser des situations nouvelles complexes, identifier les priorités et proposer des solutions créatives et pragmatiques. Cette compétence malaisée apparaît cruciale pour garantir la résilience organisationnelle face aux perturbations.

- **La littératie numérique**

  Dans un monde où les outils numériques sont omniprésents, les managers doivent non seulement comprendre et maîtriser ces technologies, mais aussi encourager leur adoption au sein des équipes. Cela inclut :

  - L'utilisation efficace de plateformes collaboratives.
  - La gestion de la cybersécurité et de la confidentialité des données.
  - L'anticipation des impacts de l'intelligence artificielle et de l'automatisation sur les métiers.

- **La capacité à inspirer**

  Un manager performant ne se contente plus de diriger, il doit inspirer. Cela passe par :

  - L'adoption d'une vision claire et motivante.
  - La mise en place d'une communication positive, lisible et engageante.
  - La capacité à valoriser les contributions individuelles pour renforcer l'adhésion collective aux objectifs.

- **La gestion interculturelle**

  Dans un contexte de globalisation accrue, les équipes sont souvent multiculturelles. Les managers doivent savoir développer leur propre sensibilité culturelle pour :

  - Naviguer plus aisément dans ces environnements mondialisés et diversifiés.
  - Favoriser l'inclusion professionnelle en prévenant les malentendus culturels.

- Exploiter tous les aspects de cette diversité pour servir de levier d'innovation.

Une évolution dynamique et continue

Ces compétences ne sont pas figées. Elles nécessitent un **apprentissage constant** et une capacité d'adaptation aux environnements en mutation rapide.

- **Encourager la créativité collective** :

  Des initiatives telles que des **ateliers d'idéation** permettent de mobiliser les équipes autour de la résolution de problèmes spécifiques. Ces ateliers, souvent menés avec l'aide d'experts externes, favorisent également la diffusion de **méthodes collaboratives** et l'instauration d'une culture d'innovation fondée sur l'intelligence collective.

- **Stimuler l'innovation par des hackathons**[153] :

  Dans le secteur technologique, de nombreux managers organisent des **hackathons internes**, où les employés sont appelés à travailler ensemble pour proposer rapidement des solutions innovantes. Ces événements, qui allient stimulation intellectuelle et esprit d'équipe, renforcent également le sentiment d'appartenance des collaborateurs à l'organisation.

- **Former à la résilience dans les secteurs critiques** :

  Dans le secteur de la santé, par exemple, la gestion de crises comme la pandémie de COVID-19 a souligné l'impérieuse nécessité sanitaire de devoir résoudre sans délai ni recul des problèmes complexes. Les managers ont depuis intégré cette compétence dans leurs formations, permettant désormais à leurs équipes de s'adapter efficacement à l'événement tout en

[153] Un hackathon est un levier pour booster l'innovation. Stricto sensu, il s'agit d'un événement bref au cours duquel des équipes testent en accéléré, expérimentent et prototypent, afin de valider leurs idées. Puis, avec le temps, le terme s'est mis à recouvrir des réalités parfois plus larges, pour désigner, de manière générale, des moments pour encourager l'idéation et la mise en place d'idées et de solutions sur un thème donné. Source : https://www.bibliotheque-initiatives.fonction-publique.gouv.fr/files/2023-11/HACKATHON-LE-GUIDE-PRATIQUE.pdf

garantissant la continuité des services et la protection du personnel soignant.

Le rôle du manager comme facilitateur

Dans ce nouvel environnement, le rôle du manager évolue vers celui de **facilitateur**. Plutôt que de se limiter à un rôle de contrôle, le manager moderne doit :

- **Guider** : Offrir un cadre clair et cohérent tout en laissant de la place à l'autonomie.
- **Écouter** : Prendre en compte les retours et les idées des collaborateurs pour co-construire des solutions.
- **Valoriser les contributions** : Reconnaître les efforts individuels tout en les intégrant dans une vision collective.

Pour soutenir cette transformation, les organisations peuvent mettre en place :

- **Des programmes de mentorat** : Ces initiatives favorisent le transfert de connaissances et l'accompagnement des talents.
- **Des sessions de coaching interne** : Elles permettent de renforcer les compétences relationnelles et managériales des leaders en devenir.
- **Des évaluations continues des pratiques managériales** : Ces évaluations aident à identifier les axes d'amélioration et à accompagner l'évolution des managers dans leur rôle.

L'évolution des compétences managériales est un **enjeu stratégique majeur** pour les organisations. En formant des leaders capables de s'adapter, d'inspirer et d'innover, les entreprises s'offrent le pouvoir de relever les défis du futur tout en renforçant leur attractivité et leur performance. Cette transformation, bien qu'exigeante, offre l'opportunité de redéfinir le management comme un levier clé de réussite collective.

2.2. Le management hybride : un équilibre délicat

Le management hybride, qui combine présence physique et travail à distance, s'inscrit dans une approche de plus en plus adoptée par les organisations car elle promet une flexibilité accrue pour les employés et une optimisation des ressources pour les employeurs.

Cependant, cette configuration soulève des défis importants en matière de coordination, de communication et de cohésion. Pour les relever, les managers doivent adapter leurs pratiques et redéfinir leur rôle pour répondre aux attentes nouvelles de leurs équipes dispersées.

Les piliers d'un management hybride efficace

- **Planifier des jours de présence commune**

  L'organisation de journées de travail en présentiel, où toute l'équipe est réunie, est essentielle pour renforcer les interactions humaines. Ces journées peuvent être dédiées à des activités spécifiques :

- **Résolution de conflits ou tensions interpersonnelles** : Les échanges en face-à-face permettent de désamorcer plus facilement les malentendus.
- **Renforcement de l'esprit d'équipe** : Les rencontres physiques favorisent la création de liens et le partage d'une vision commune.
- **Ateliers de collaboration** : Ces moments sont propices au brainstorming ou à la résolution collective de problèmes complexes.
- **Utiliser des outils collaboratifs performants**

  Les plateformes numériques jouent un rôle crucial dans la coordination des équipes hybrides. Des outils comme **Microsoft Teams**, **Slack** ou **Asana** permettent de centraliser les communications, de gérer les projets en temps réel et d'assurer une transparence dans l'avancée des tâches. Pour maximiser leur efficacité, il est essentiel de :

- Former les équipes à l'utilisation fluide de ces outils.
- Mettre en place des règles claires sur leur usage, pour éviter la surcharge numérique ou les malentendus.
- Encourager l'adoption d'outils interactifs (comme les tableaux blancs virtuels) pour stimuler l'innovation à distance.
- **Favoriser des moments d'échange informels**

  Dans un environnement hybride, le **lien social** peut dangereusement s'affaiblir, compromettant ainsi la cohésion d'équipe. Les managers doivent organiser des espaces pour des interactions spontanées, tels que :

- **Cafés numériques ou pauses virtuelles** : Ces moments permettent aux employés de se connecter sur des sujets non professionnels et de maintenir des relations conviviales.
- **Activités d'équipe-building** hybrides : Des jeux en ligne ou des défis collectifs renforcent la solidarité entre collègues.

Maintenir l'équité entre les modes de travail

L'un des défis majeurs du management hybride est de garantir une **équité d'accès aux opportunités professionnelles entre** les télétravailleurs et les employés présents sur site. Cette équité repose sur :

- **Une évaluation objective des performances** : Les managers doivent privilégier une approche axée sur les résultats et non sur la visibilité physique.
- **L'accès équitable aux formations et projets stratégiques** : Il est essentiel de s'assurer que les télétravailleurs participent pleinement aux initiatives de développement professionnel.
- **Une sensibilisation des managers aux biais** : La formation des responsables sur les dangers des biais inconscients peut aider à maintenir un équilibre entre les différentes configurations de travail.

Stimuler l'innovation et la créativité

Pour dépasser les limites inhérentes au travail hybride, certaines organisations ont introduit des **journées d'innovation**. Ces événements, souvent organisés en dehors des locaux habituels de l'entreprise, visent à :

- Encourager la collaboration entre les membres d'équipes hybrides.
- Favoriser des réflexions stratégiques ou créatives sur des projets d'avenir.
- Renforcer le sentiment d'appartenance à une culture organisationnelle commune.

Ces journées sont aussi une opportunité de sortir de la routine quotidienne et de renouveler les dynamiques d'équipe, souvent mises à rude épreuve dans un contexte de travail fragmenté.

Redéfinir les critères d'évaluation de la performance

Le management hybride exige une transformation en profondeur des systèmes d'évaluation. Les managers doivent passer d'un modèle basé sur la **présence physique** à une approche centrée sur les **résultats et les contributions**. Cela inclut :

- La mise en place de **KPIs clairs et partagés** avec les collaborateurs.
- L'adoption de pratiques de feedback régulières pour ajuster les attentes et reconnaître les efforts.
- Une flexibilité dans les modes de travail, permettant à chaque employé de s'épanouir tout en atteignant les objectifs fixés.

Le management hybride, bien que complexe à mettre en œuvre, offre une opportunité unique d'adopter des pratiques plus inclusives, centrées sur les résultats et adaptées aux besoins des employés. En développant des stratégies ayant comme fondements la communication, la confiance et l'innovation, les managers peuvent transformer les défis du travail hybride en leviers de performance durable, tout en renforçant la cohésion et la satisfaction des équipes mises à mal par leur environnement fragmenté.

3. Enjeux organisationnels et éthiques

3.1. La transformation organisationnelle

L'intégration des nouveaux espaces et modalités de travail, tels que le télétravail, les tiers-lieux ou le management hybride, impose une transformation organisationnelle profonde. Cette transformation, qui touche à la fois les structures, les processus et les valeurs de l'organisation, repose sur trois piliers essentiels :

Redéfinir les espaces physiques et numériques

Les entreprises réaménagent leurs locaux pour répondre aux nouvelles réalités du travail flexible. Cela implique la mise en place de **bureaux partagés et flexibles**, souvent organisés en espaces de coworking internes, pour maximiser l'efficacité de l'espace et réduire les coûts immobiliers. Ce changement s'accompagne de la création d'environnements collaboratifs favorisant l'innovation, comme des zones dédiées aux brainstormings ou des espaces informels dédiés aux échanges entre collègues.

En parallèle, les outils numériques deviennent les piliers centraux de la coordination à distance. Les **plateformes collaboratives** (comme Microsoft Teams ou Slack), les **logiciels de gestion de projet** (tels que Trello ou Asana) et les solutions de stockage cloud facilitent le partage d'informations et la synchronisation d'équipes dispersées géographiquement. Toutefois, ce passage au numérique nécessite une réelle montée en compétences des collaborateurs pour garantir une adoption optimale des outils.

Adapter les modes de gouvernance

Une gouvernance plus agile et adaptative est indispensable pour répondre rapidement aux transformations externes et internes. Cela implique l'adoption de **nouvelles pratiques managériales**, telles que la gestion par objectifs (OKR - Objectives and Key Results), qui favorise un alignement stratégique clair à tous les niveaux de l'organisation.

Les **tableaux de bord numériques** permettent de suivre en temps réel les performances organisationnelles, mais aussi le degré de bien-être des employés. Cette capacité d'adaptation passe généralement par une transparence accrue et une communication régulière entre les différents niveaux hiérarchiques. Les managers doivent adopter une posture de soutien et d'accompagnement, en s'assurant que leurs équipes disposent des ressources nécessaires pour atteindre leurs objectifs.

Renforcer la culture organisationnelle

Dans un environnement de travail fragmenté, préserver une identité commune devient une priorité stratégique. Une culture organisationnelle forte repose sur des initiatives visant à maintenir un réel sentiment d'appartenance et à stimuler l'engagement des collaborateurs. Cela peut inclure :

- **Des rituels d'équipe** : Des réunions régulières, qu'elles soient virtuelles ou en présentiel, visent à partager les objectifs, célébrer les réussites et maintenir un lien émotionnel entre les membres.
- **Des événements de cohésion** : Des activités hybrides, comme des ateliers, des séances de team-building ou des célébrations à distance, favorisent la solidarité malgré la dispersion géographique.
- **La reconnaissance des contributions individuelles et collectives** : Instaurer une culture de gratitude et de reconnaissance vient naturellement renforcer le moral des équipes et motiver les collaborateurs.

Les défis de la transformation organisationnelle

Ces transformations ne sont pas sans poser des défis majeurs. L'accent mis sur la digitalisation et la dématérialisation des interactions peut entraîner une **érosion du lien social**, alors que celui-ci est essentiel à la coopération et à la créativité collective. C'est ainsi que la perte de spontanéité dans les échanges informels est souvent citée comme un frein à l'innovation et à la résolution collaborative des problèmes.

Pour y remédier, certaines organisations mettent en place des **rituels hybrides**, qui combinent les avantages du présentiel et du distanciel. Par exemple, des séances de brainstorming peuvent être organisées en petits groupes physiques, tandis que d'autres y participent via des outils de visioconférence. Des célébrations d'équipe, comme des anniversaires ou des réussites professionnelles, peuvent également inclure une composante virtuelle pour garantir l'inclusion de tous.

Enfin, il est crucial que ces transformations soient accompagnées d'une réflexion éthique et durable. Les choix organisationnels doivent prendre en compte non seulement les objectifs de performance mais aussi les impacts humains et sociaux, afin de construire un modèle de travail résilient et équitable pour l'avenir.

3.2. Les défis éthiques associés

Les nouvelles pratiques de travail, bien qu'innovantes et porteuses d'opportunités, s'accompagnent de nombreux défis éthiques. Ces enjeux, qui transcendent les simples considérations techniques ou économiques, touchent à des questions fondamentales de droits, d'équité et de responsabilité sociétale. Trois domaines principaux se démarquent :

La protection des données personnelles

Avec l'essor des outils numériques et des technologies d'analyse, la collecte, le traitement et l'utilisation des données des employés deviennent des enjeux critiques. L'installation de **logiciels de suivi d'activité**, capables de mesurer des indicateurs tels que les frappes au clavier, les connexions aux réseaux, ou encore le temps passé sur certaines plateformes, peut améliorer la productivité. Cependant, cela soulève des préoccupations liées à la **surveillance intrusive**, portant atteinte à la vie privée des collaborateurs.

Les entreprises doivent donc, en accord avec les organisations et représentations salariales, respecter les principes fondamentaux de protection des données :

- **La transparence** : Informer les employés sur les types de données collectées, leur finalité et leur utilisation.
- **Le consentement éclairé** : Garantir que les collaborateurs acceptent de manière libre et informée tout suivi de leur activité.
- **La sécurité des données** : Mettre en place des systèmes robustes pour éviter les fuites ou les piratages, et respecter les réglementations telles que le RGPD en Europe.

En outre, l'éthique va au-delà des aspects légaux : il s'agit de s'assurer que les employés ne se sentent pas constamment observés ou jugés, ce qui pourrait avoir un impact négatif sur leur bien-être au travail et engendrer des conflits prudhommaux.

L'équité dans l'accès aux opportunités

Le travail hybride ou à distance, s'il favorise une plus grande flexibilité, peut exacerber certaines **inégalités au sein des**

organisations. Les télétravailleurs, bien que souvent plus productifs, risquent d'être **moins visibles** aux yeux de leurs supérieurs, une situation qui peut nuire à leur évaluation, à leurs perspectives de promotion ou à leur participation à des projets stratégiques.

Pour garantir ou rétablir une équité entre les collaborateurs, des pistes sont ouvertes :

- **Politiques d'évaluation objectives** : Les systèmes d'évaluation doivent se baser sur des critères mesurables et non sur la visibilité physique des employés.
- **Formation des managers** : Sensibiliser les responsables aux biais potentiels liés au mode de travail des collaborateurs, pour garantir une prise en compte équitable des contributions.
- **Égalité d'accès aux ressources et opportunités** : S'assurer que les télétravailleurs disposent des mêmes outils, informations et opportunités de développement professionnel que leurs collègues présents sur site.

Enfin, une réflexion particulière doit être menée pour les populations les plus vulnérables (parents, personnes en situation de handicap, etc.), afin de promouvoir une véritable inclusion dans tous les aspects du travail.

Les répercussions sociales et environnementales

Les choix organisationnels doivent aussi tenir compte des impacts sociaux et environnementaux qu'ils génèrent.

- **Impact environnemental** : Si le télétravail réduit les émissions liées aux trajets domicile-travail et diminue la consommation énergétique des locaux professionnels, il **augmente souvent l'empreinte carbone individuelle**. L'utilisation accrue de chauffage ou de climatisation à domicile, ainsi que la consommation électrique liée aux appareils numériques, doivent être pris en compte. Les organisations peuvent encourager des pratiques écoresponsables, telles que l'installation d'équipements efficaces en économie d'énergie ou la promotion d'horaires réduisant directement la consommation énergétique.
- **Impact social** : L'isolement social des télétravailleurs est un défi majeur, avec des répercussions sur le bien-être individuel et sur

la cohésion d'équipe. Les entreprises doivent constamment trouver des moyens de maintenir les liens sociaux, en organisant là encore des événements hybrides, des réunions régulières et des opportunités de collaboration en présentiel.

Solutions éthiques et responsables

Pour répondre à ces défis, une approche proactive et éthique devient nécessaire :

- **Établir des chartes éthiques du travail numérique,** pour clarifier les engagements de l'organisation en matière de respect des droits et des principes d'équité. Cette démarche peut être menée en discussion de branche professionnelle et s'intégrer dans la convention collective.
- **Favoriser une culture organisationnelle basée sur la confiance**, où les employés se sentent valorisés et respectés, indépendamment de leur mode de travail.
- **Impliquer les parties prenantes** dans la définition des politiques de travail, afin de garantir qu'elles reflètent correctement les besoins réels et les valeurs partagées par l'ensemble des collaborateurs.

En intégrant ces considérations dans leur stratégie, les organisations peuvent non seulement minimiser les risques associés aux nouvelles pratiques de travail, mais aussi renforcer leur engagement en faveur d'un développement humain, social et environnemental durable.

3.3. Anticiper les évolutions futures

Pour répondre à ces défis, une anticipation stratégique des transformations à venir est essentielle. Cela signifie non seulement d'identifier les tendances émergentes, mais également d'évaluer leurs implications à court, moyen et long terme sur l'organisation. Les évolutions technologiques, les changements réglementaires, les nouvelles attentes des consommateurs, ainsi que les enjeux environnementaux et sociaux doivent être ajoutés pour mener cette réflexion.

Une telle anticipation implique de multiples actions concrètes :

- **Investir dans la formation et la sensibilisation** : Les équipes dirigeantes doivent être équipées de manière sérieuse des outils pour comprendre et répondre aux nouveaux défis éthiques. Des formations spécifiques sur les implications sociales des décisions stratégiques, les droits humains, statutaires ou professionnels, ou encore l'impact environnemental des activités, peuvent jouer un rôle clé. Ces formations doivent être actualisées régulièrement pour donner à connaître des évolutions rapides du contexte global.

- **Instaurer un dialogue permanent avec les parties prenantes** : Les organisations doivent renforcer leurs interactions avec l'ensemble de leurs parties prenantes, qu'il s'agisse des employés et de leurs représentants, des fournisseurs, des clients ou des communautés locales. Ces échanges permettent de mieux comprendre les attentes et les préoccupations, tout en créant des opportunités de collaboration pour trouver des solutions innovantes aux problèmes complexes.
- **Créer des comités d'éthique multidisciplinaires** : Ces comités, constitués de sachants provenant de divers domaines tels que le droit, la sociologie, la gestion et la technologie, peuvent offrir des perspectives variées sur les décisions organisationnelles. Ils jouent un rôle essentiel pour garantir que les principes fondamentaux de justice, de transparence et de respect des droits humains sont intégrés dans la gouvernance de l'organisation.
- **Utiliser les outils technologiques pour la prévision** : Des outils de veille stratégique, d'analyse des données et de modélisation peuvent aider les entreprises à identifier les signaux faibles et à simuler différents scénarios futurs. Cela permet de mieux se préparer aux perturbations potentielles et d'adapter les stratégies en conséquence.
- **Élaborer des plans d'action adaptatifs** : Une anticipation efficace nécessite des plans d'action qui ne soient pas figés, mais capables de s'ajuster en fonction des évolutions. Ces plans doivent inclure des mécanismes de suivi et d'évaluation, y compris au sein des comités d'entreprise, pour mesurer leur efficacité et apporter des corrections si nécessaire.
- **Encourager une culture organisationnelle proactive** : Enfin, l'anticipation des évolutions futures ne peut être pleinement réalisée sans une culture organisationnelle qui valorise l'innovation, la flexibilité et la responsabilité. Cela passe par

l'encouragement des idées nouvelles, le développement de la résilience organisationnelle et une gestion inclusive qui valorise toutes les voix.

En intégrant ces différentes dimensions, les organisations peuvent non seulement mieux se préparer aux transformations à venir, mais également contribuer activement à façonner un avenir plus juste, durable et prospère pour toutes leurs parties prenantes.

Conclusion

Les mutations du travail représentent une opportunité pour réinventer les pratiques organisationnelles et managériales. En adoptant une approche équilibrée entre innovation et éthique, les entreprises sont appelées à créer des environnements de travail plus inclusifs, flexibles et performants. Ces évolutions exigent une réflexion continue des chercheurs et des praticiens pour relever les défis complexes d'un monde en mutation.

La voie à suivre implique une compréhension approfondie des interactions entre les dimensions technologiques, humaines et organisationnelles. C'est dans cet équilibre que se dessineront les modèles de travail pour demain.

Bibliographie

Aksoy, Cevat Giray, Jose Maria Barrero, Nicholas Bloom, Steven J. Davis, Mathias Dolls, et Pablo Zarate. 2023. « Time Savings When Working from Home ». *AEA Papers and Proceedings* 113 (mai):597-603. https://doi.org/10.1257/pandp.20231013.

Barrero, Jose Maria, Nicholas Bloom, et Steven Davis. 2021. « Why Working from Home Will Stick ». w28731. Cambridge, MA: National Bureau of Economic Research. https://doi.org/10.3386/w28731.

Ferriss, Timothy. 2011. *The 4-Hour Workweek: Escape 9-5, Live Anywhere, and Join the New Rich*. Expanded and Updated ed. London: Vermilion.

Gueguen, Guillaume, et Claudia Senik. 2023. « Adopting Telework: The Causal Impact of Working from Home on Subjective Well-being ». *British Journal of Industrial Relations* 61 (4): 832-68. https://doi.org/10.1111/bjir.12761.

Héran, François. 1988. « La sociabilité, une pratique culturelle ». *Economie et statistique* 216 (1): 3-22. https://doi.org/10.3406/estat.1988.5267.

Lewandowski, Piotr, Katarzyna Lipowska, et Mateusz Smoter. 2022. « Working from Home During a Pandemic - A Discrete Choice Experiment in Poland ». *SSRN Electronic Journal*. https://doi.org/10.2139/ssrn.4114827.

Musterd, Sako, Szymon Marcińczak, Maarten Van Ham, et Tiit Tammaru. 2017. « Socioeconomic Segregation in European Capital Cities. Increasing Separation between Poor and Rich ». *Urban Geography* 38 (7): 1062-83. https://doi.org/10.1080/02723638.2016.1228371.

Reardon, Sean F., et Kendra Bischoff. 2011. « Income Inequality and Income Segregation ». *American Journal of Sociology* 116 (4): 1092-1153. https://doi.org/10.1086/657114.

Senik, Claudia, Andrew E. Clark, Conchita D'Ambrosio, Anthony Lepinteur, et Carsten Schröder. 2024. « Teleworking and Life Satisfaction during COVID-19: The Importance of Family Structure ». *Journal of Population Economics* 37 (1): 8. https://doi.org/10.1007/s00148-024-00979-z.

Partie IV

L'ubérisation du travail

Comment l'ubérisation du travail bouleverse la relation « travail indépendant – travail subordonné » ?

Gulsen YILDIRIM
Professeure des universités en droit privé, Université de Limoges
Directrice exécutive du CREOP (UR 15561)

1. Travail et transformation digitale. Le XXe siècle a débuté avec la taylorisation et s'est terminé avec la mondialisation et son lot de délocalisations. Le XXIe siècle s'amorce avec l'ubérisation générée par l'avènement du digital sans que l'on sache encore précisément les bouleversements occasionnés. Une certitude existe néanmoins : cette révolution bouscule la relation de travail. Elle pourrait même remettre en cause le travail. L'impact final dépendra de la capacité des pays à innover, adopter et s'adapter à cette nouvelle technologie et surtout de la protection existante. La question du statut des travailleurs est donc au cœur du sujet.

2. Emergence de l'ubérisation. La notion d'ubérisation fait son apparition pour la première fois dans le dictionnaire *Le Petit Larousse* en 2017. Elle est définie comme la "*remise en cause du modèle économique d'une entreprise ou d'un secteur d'activité par l'arrivée d'un nouvel acteur proposant les mêmes services à des prix moindres, effectués par des indépendants plutôt que des salariés, le plus souvent via des plates-formes de réservation sur Internet*".

Ce phénomène rapide et inexorable instaure un rapport de force frontal avec les acteurs traditionnels d'un secteur donné et son recours aux travailleurs indépendants, voire aux particuliers, est un angle absolument majeur. Cette révolution est protéiforme, hétérogène, ancrée dans le triptyque « numérique – consommation – travail »[154]. Elle ne se comprend qu'au regard de ces trois leviers qui convergent, à maturité, vers un nouveau paradigme : la révolution numérique, la révolution de la consommation et enfin des modes de travail (avec la montée en puissance de l'auto-entrepreneuriat, du travail indépendant,

[154] Voir G. Leclercq, L'ubérisation de l'économie : comment déstabilise-t-elle les petites entreprises ?, in « Les difficultés des petites entreprises : regards croisés Droit et Gestion », 2020, L'Harmattan, sous la dir. A. Rivet et G. Yildirim, p. 158.

du portage, et plus globalement de formes de travail complémentaires au salariat)[155].

La nouvelle économie dite collaborative est parvenue à remettre le client au centre, en se concentrant sur ses habitudes de consommation. La tendance a d'abord débuté par les services aux entreprises et s'est étendue aux services aux particuliers en déstabilisant les professionnels établis sur le marché.

3. Diversité des plateformes dites collaboratives. Depuis 2015, en France, les plateformes numériques font l'objet d'une réglementation dédiée. C'est la loi Lemaire pour une République numérique[156] qui en donne une véritable définition[157].

Le droit de la consommation consacre une définition large, « intégrant la majorité des services de mise en relation - les plateformes d'intermédiation organisant l'échange de biens et de services proposés par des tiers, mais également celles qui proposent un service de classement ou de référencement d'informations - plateformes d'infomédiation, et ce sans distinction selon qu'il s'agit d'une activité rémunérée ou non »[158].

Face à cette diversité extrême, notre étude se limitera aux plateformes dont l'objet suppose l'exécution d'un travail. Celles-ci sont souvent dénommées plateformes de *crowdworking*[159]. A ce propos, « le

---

[155] Voir S. Thiery, Les nouvelles formes du travail indépendant, Avis et rapports du CESE, 2017, p. 98 (www.lecese.fr/sites/default/files/pdf/Avis/2017/2017_25_travail_independant.pdf).

[156] Loi n° 2016-1321 du 7 octobre 2016 pour une République numérique.

[157] C. de la consommation, art. L. 111-7, I : « est qualifiée d'opérateur de plateforme en ligne toute personne physique ou morale proposant, à titre professionnel, de manière rémunérée ou non, un service de communication au public en ligne reposant sur :

1°) le classement ou référencement, au moyen d'algorithmes informatiques, de contenus, de biens ou de services proposés ou mis en ligne par des tiers ;
ou 2°) la mise en relation de plusieurs parties en vue de la vente d'un bien, de la fourniture d'un service ou de l'échange ou du partage d'un contenu, d'un bien ou d'un service ».

[158] M. Julien et E. Mazuyer, Le droit du travail à l'épreuve des plateformes numériques, Revue de droit du travail 2018 p. 189.

[159] « Le terme, emprunté de l'anglais, est composé de deux mots : crowd qui signifie la masse, la communauté, et work, qui se traduit par travail ». Voir B. Gomes, Le crowdworking : essai sur la qualification du travail par intermédiation numérique, Revue de droit du travail 2016, p. 464.

phénomène de plateformisation a été impulsé par les plateformes de mobilité, qui ont focalisé l'attention de l'opinion publique ces dernières années »[160]. Mais ce mouvement s'étend aujourd'hui à de nombreux secteurs de l'économie avec l'explosion du nombre de travailleurs de plateformes[161]. Le point de convergence dans cette nébuleuse est que ces derniers sont rarement salariés.

4. Mythe de l'indépendance. Cette dérégulation commence par une promesse, une promesse non tenue : celle d'un métier qui offrirait indépendance, flexibilité et rémunération confortable. Loin de ces images, la réalité des livreurs, chauffeurs ou agents d'entretien dits ubérisés apparaît tout autre.

Généralement, le *crowdworking* prend la forme d'une activité indépendante non pas en raison d'une préférence personnelle pour l'indépendance mais de la recherche d'une baisse des coûts que ce statut permet. Dans ce schéma, « les coûts (outils de travail, cotisations sociales, etc.) et les risques (variation de l'activité et des revenus, défaillance des clients, accident ou maladie, etc.) sont supportés exclusivement par le travailleur indépendant. Les prix pratiqués sont souvent abusivement bas »[162].

En s'exonérant du paiement des cotisations sociales patronales et des garanties attribuées aux salariés par le Code du travail, les plateformes transfèrent à leurs travailleurs le risque économique et social traditionnellement supporté par l'employeur. Cette évolution est en réalité « dans la lignée des politiques d'externalisation du travail menées par les grandes entreprises depuis plusieurs décennies » [163]. Réfléchir aux nouvelles formes de régulation des plateformes numériques nous renvoie donc d'une certaine manière à interroger les mutations du travail à l'épreuve de notre modèle social.

---

[160] L'ubérisation de la société : quel impact des plateformes numériques sur les métiers et l'emploi ?, Rapport de la mission d'information du Sénat, 2021 https://www.senat.fr/rap/r20-867/r20-867-syn.pdf.

[161] Comparer avec le champ d'application de la directive relative à l'amélioration des conditions de travail dans le cadre du travail via une plateforme (art. 1 de la Directive (UE) 2024/2831 du parlement européen et du conseil du 23 octobre 2024 ; voir *infra*).

[162] M. Julien et E. Mazuyer, op. cit., p. 189.

[163] L'ubérisation de la société : quel impact des plateformes numériques sur les métiers et l'emploi ?, Rapport préc.

5. Reproduction des inégalités sociales. De manière surprenante, la plateformisation de l'économie est un facteur de reproduction des inégalités sociales. Elle contribue fortement à la polarisation du marché de travail entre des travailleurs effectivement indépendants ayant librement choisi ce statut et des travailleurs faiblement qualifiés et placés dans une situation de subordination vis-à-vis des plateformes.

Ainsi ces derniers, qui représentent en France environ 230 000 personnes (chauffeurs VTC et livreurs confondus), vivent pour un quart d'entre eux dans les quartiers prioritaires de la ville[164]. Désormais l'inclusion des exclus du marché du travail « classique » par les plateformes serait la solution miracle pour lutter contre le chômage ou contre les discriminations qui trop souvent leur interdisent d'accéder à l'entreprise dite ordinaire.

6. Des indépendants en situation de dépendance économique. Faudrait-il se méfier ou se réjouir de cet effet pervers ou vertueux d'un nouveau mode d'intégration par la liberté entrepreneuriale ?[165] La question centrale pour le juriste est de savoir comment le droit peut appréhender et encadrer ce phénomène.

En apparence, la plateforme se positionne comme un tiers, étranger au rapport qui s'instaure, par son intermédiaire, entre le travailleur et son client[166]. Elle prétend n'assurer que leur mise en relation, même si elle peut fournir également des services supports (facturation, paiement) qui sécurisent les transactions qu'elle permet. Pourtant, la plateforme ne joue-t-elle pas un rôle central dans le réseau, au cœur d'une relation triangulaire, qui dépasse le simple rôle d'intermédiaire électronique ? Ne s'apparente-t-elle pas à un véritable employeur ? À ce titre, cette économie collaborative peut-elle se débarrasser du droit du travail ?

Le travail par l'intermédiaire des plateformes numériques renouvelle les questionnements autour du travail et de la protection des travailleurs tout à la fois indépendants mais économiquement

[164] Voir l'étude Compas de novembre 2022 (Compas, Zoom pour agir, n° 27, 4 nov. 2022) qui nous éclaire sur cette « marchandise-travail » à travers des statistiques précieuses sur la sociologie des travailleurs des plateformes.

[165] Voir notamment A. Casilli, « De quoi une plateforme (numérique) est-elle le nom ? », https://lc.cx/ArHb, 1er oct. 2017.

[166] M. Julien et E. Mazuyer, op. cit., p. 189.

dépendants et dont l'activité génère une richesse accaparée par les plateformes[167].

Ce débat n'est pas nouveau. On peut même se demander si « l'explosion de ce modèle économique n'est pas l'aboutissement ou la réalisation de ce vieux fantasme néolibéral en vogue dans les années 90, d'« un travailleur libéré des contraintes du salariat » ? N'est-ce pas plus « social » d'offrir un « droit au travail » en s'affranchissant des contraintes supposées du salariat, surtout à l'égard d'une force de travail moins exigeante parce que plus précaire ? »[168].

7. En somme, l'idée portée par l'ubérisation est celle du « tous entrepreneurs » excluant d'office le salariat (I). Toutefois de manière paradoxale, dès lors qu'il est question de protection, c'est ce même salariat qui est appelé à la rescousse (II).

Ce ballotage permanent entre travail indépendant et travail subordonné n'est pas tenable sur le long terme. Face aux bouleversements futurs suscités par l'intelligence artificielle dans les relations de travail, la construction d'un nouveau modèle social s'impose comme une évidence.

I – LA FICTION DE L'INDÉPENDANCE

8. Le travail par intermédiation numérique repose sur un modèle de travail triangulaire, où les plateformes se posent en simples intermédiaires. Par conséquent, le salariat est d'office écarté (A). Toutefois celles-ci s'organisent autour d'un pouvoir qu'elles exercent sur des travailleurs qui leur sont, juridiquement ou non, subordonnés. C'est pourquoi des droits sociaux inspirés du droit du travail ont été accordés, faisant de ces travailleurs, des indépendants un peu particuliers (B).

A – L'artifice de la présomption de non-salariat

9. L'application de la classique présomption de non-salariat. Le mouvement d'ubérisation du travail réfute par principe le modèle du

[167] J.-Y. Frouin, avec le concours de J.-B. Barfety, Réguler les plateformes numériques de travail, Rapport au Premier ministre, 1er déc. 2020.

[168] R. Brihi, Quelle régulation pour les plateformes numériques ?, Semaine Sociale Lamy, n° 2085, 25 mars 2024.

salariat perçu comme un frein à l'initiative économique. Pour y parvenir, il donne une nouvelle vigueur à une présomption qui figure dans le Code du travail. En effet, cette exclusion repose sur l'article L. 8221-6 qui n'a pas été écrit pour l'occasion[169]. Par l'effet d'une présomption légale d'indépendance, les personnes physiques inscrites aux registres ou répertoires professionnels (RCS ou registre des métiers par exemple) sont présumées être des travailleurs indépendants. L'accomplissement d'une simple formalité emporte présomption d'absence de contrat de travail dans l'exécution d'une activité.

Elle limite les possibilités de requalification de la qualité de travailleurs indépendants lorsqu'une personne a clairement manifesté son intention de choisir ou d'accepter ce type de statut par son immatriculation à un registre. Elle concerne aussi les entreprises inscrites au registre des entreprises de transport incluant de ce fait les chauffeurs indépendants et les entreprises de transport routier.

Véritable niche pour le mouvement d'ubérisation, cette présomption garantit le statut d'indépendant à la majorité des travailleurs de plateformes.

10. Une aubaine pour les plateformes. Cette présomption qui vient aujourd'hui au secours de ce mouvement d'ubérisation n'est pas nouvelle. La loi Madelin du 11 février 1994[170] avait introduit dans le Code du travail la première présomption de non-salariat pour trancher le sort de certains travailleurs ni véritablement salariés, ni véritablement indépendants en les rattachant par principe au travail indépendant lorsqu'ils avaient opté pour ce statut. « Elle propose un nouveau modèle social, plus attrayant pour les jeunes générations que le salariat. Au modèle Germinal revu Boulogne-Billancourt (soumission et plans sociaux), elle oppose « l'indépendant », libre de son temps et créatif »[171]. Cette présomption a suscité de vifs débats lors de la discussion parlementaire[172]. Elle fut d'ailleurs supprimée par la loi

[169] C. du trav., anc art. L. 120.3.

[170] M. Laroque, Présentation introductive de la loi du 11 février 1994 relative à l'initiative et à l'entreprise individuelle, Droit social 1995, p. 631.

[171] J.-E. Ray, De Germinal à Internet : une nécessaire évolution du critère du contrat de travail, Droit social 1995. 634.

[172] M. Laroque, op. cit., voir le II sur les craintes de l'opposition.

Aubry II du 19 janvier 2000 avant d'être rétablie quasiment à l'identique en 2003[173].

11. Une préoccupation ancienne. A l'origine, la raison d'être de cette présomption reposait sur la volonté de favoriser l'entreprenariat en sécurisant juridiquement le donneur d'ordre. La France est l'un des pays occidentaux qui possède le moins d'indépendants. Ce constat est lié au fait que notre modèle social depuis l'après-guerre, repose sur une acceptation générale du salariat, qui constitue le chemin tout tracé pour la génération née avant 1980, modèle financé par les cotisations salariales et patronales. Or avec l'avènement du tertiaire et la fin des trente glorieuses, « la sécurité économique qu'elle assurait au salarié entraînait un coût jugé excessif, et les pratiques d'extériorisation de la main d'œuvre généraient un contentieux en requalification source d'insécurité juridique »[174] auquel il fallait répondre.

Il ne faut pas oublier non plus que les années 90 sont marquées par une forte hausse du chômage. Face à ce drame, « il s'agit de savoir qui crée l'emploi. Il n'existe qu'une seule bonne réponse à apporter : c'est l'entrepreneur » [175].

12. Toujours une question de modèle de protection sociale. Déjà à l'époque, cette présomption cachait en réalité une question de rattachement à un régime de sécurité sociale et notamment l'objectif d'éviter le régime général des salariés jugé trop couteux. D'ailleurs, ce texte avait son pendant dans le Code de la sécurité sociale[176]. « Le législateur aurait seulement voulu tenir compte du développement des régimes de Sécurité sociale des travailleurs indépendants ; et à cet effet leur restituer des ressortissants, qu'une jurisprudence ancienne et classique leur aurait enlevés et aurait faussement requalifiés de salariés, relevant ainsi du régime général »[177]. En cas d'incertitude, les personnes qui ne sont pas en état de subordination juridique

---

[173] Art. 23 de la loi n° 2003-721 du 1er août 2003. Voir M. Véricel, Le rétablissement de la présomption de non salariat, Droit social 2004. 297.

[174] J.-E. Ray, op. cit., Droit social 1995. 634.

[175] M. Laroque, op. cit., Droit social 1995 p.631.

[176] C. de la sécurité sociale, art. L. 311.11 qui continue à viser l'article L.120-3 recodifié en 2008…

[177] G. Lyon-Caen, Où mènent les mauvais chemins, Droit social 1995. 647.

permanente, pourront être éclairées à cet égard par une procédure de consultation des URSSAF[178].

S'agissant de ce modèle économique des plateformes, la présomption de non-salariat leur assure ainsi une viabilité puisqu'il ne pourrait survivre qu'à la condition de ne pas être soumis aux normes classiques du salariat et notamment aux charges sociales. Une chose est certaine : ce modèle économique des plateformes n'est pas stabilisé, et, pire encore, n'a pas fait la démonstration de sa rentabilité à long terme[179]. Les termes du débat sont les mêmes que dans les années 90 et la présomption de non-salariat est une aubaine tant sur le plan social qu'économique pour cette économie collaborative.

Toutefois, la revendication collective de ces travailleurs livrés aux plateformes va bouleverser cet ordre établi. De manière inédite, la mobilisation de ces indépendants précaires va aboutir à l'octroi des droits sociaux inspirés du droit du travail tout en continuant à réfuter le statut de salarié.

B – La reconnaissance parcellaire de droits sociaux

13. La réponse à une mobilisation sans précédent. Les travailleurs des plateformes qui embrassent le travail indépendant, de gré ou de force, ont découvert très vite que la protection sociale proposée était au minimum avec des retraites moins élevées, des congés payés inexistants, une rémunération en deçà du salaire minimum et des allocations chômage inexistantes. On était loin de la situation des « vrais indépendants », donneur d'ordre plutôt que subordonné. La mobilisation de ces travailleurs notamment des chauffeurs VTC qui réclament une meilleure protection sociale a mis en lumière cette exploitation des temps modernes.

Face à ces exigences, le législateur était confronté à un choix entre une application partielle du droit du travail et la création d'un statut intermédiaire de travailleur en situation de dépendance économique.

---

[178] C. de la sécurité sociale, art. L. 311.11 al. 2. Voir J.-P. Chauchard, Le rescrit social, procédure d'interrogation de l'URSSAF, Droit social 1995. 642.

[179] Par exemple, la plateforme Take Eat Easy a été liquidée en 2016, ce qui illustre à quel point le risque économique pèse également sur les travailleurs. Voir G. Leclercq, L'ubérisation de l'économie : comment déstabilise-t-elle les petites entreprises ?, in « Les difficultés des petites entreprises : regards croisés Droit et Gestion », 2020, dir. A. Rivet et G. Yildirim, p. 160.

La première hypothèse aboutit à une sélection de droits minimaux impératifs et l'extension de certaines protections du droit du travail aux travailleurs de plateformes alors même qu'ils sont indépendants.

Le statut intermédiaire permet de créer un statut hybride avec une troisième catégorie de travailleurs entre le salarié et l'indépendant, à qui est appliquée une partie des dispositions de droit du travail. Cette deuxième voie a été préférée par certains pays européens[180] comme l'Espagne qui connait le travailleur autonome économiquement dépendant (TRADE). Le droit italien a créé le statut de travailleur parasubordonné et le droit anglais, celui de *worker*, catégorie comprise entre le travailleur salarié (employee) et le travailleur indépendant (self-employed). Cependant cette tripartition des statuts n'exclut pas les difficultés des frontières et risque d'être source de contentieux.

14. Des droits sociaux inspirés du droit du travail. Le législateur français s'est limité à accorder quelques droits aux travailleurs indépendants employés par certaines plateformes sans toucher à la qualification du contrat de prestation[181]. Cette technique de l'assimilation légale n'est pas nouvelle puisqu'elle bénéficie déjà par exemple aux gérants non salariés des succursales de maisons d'alimentation de détail, à des locataires-gérants, à des franchisés[182].

Ainsi un titre IV intitulé « Travailleurs utilisant une plateforme de mise en relation par voie électronique » a été créé dans la VIIe partie du Code du travail[183]. Ces travailleurs se sont vus reconnaître un droit d'accès à la formation professionnelle continue, un droit à la validation des acquis de l'expérience, le coût et les frais de ces actions de formation devant être supportés par la plateforme.

A cela s'ajoutent le droit de constituer une organisation syndicale et la prise en charge d'une assurance couvrant le risque

---

[180] M.-C. Escande-Varniol, L'ubérisation, un phénomène global. Regard de droit comparé, RDT 2017. 166 et C. Marzo, La proposition de directive relative à l'amélioration des conditions de travail dans le cadre du travail via une plateforme : une occasion de repenser les statuts et les droits des travailleurs de plateformes, RTD eur. 2022. 665.

[181] R. Brihi, Quelle régulation pour les plateformes numériques ?, Semaine Sociale Lamy, n° 2085, 25 mars 2024.

[182] En ce sens M. Julien et E. Mazuyer, op. cit., p. 189.

[183] C. du trav., art. L.7341-1 et s. issus de l'article 60 de loi du 8 août 2016.

d'accidents du travail. Un « substitut de droit de grève »[184] fut même créé sous la forme d'un droit de mener des « mouvements de refus concerté de fournir leurs services en vue de défendre leurs revendications professionnelles » qui ne peut, « sauf abus, ni engager leur responsabilité contractuelle, ni constituer un motif de rupture de leurs relations avec les plateformes, ni justifier de mesures les pénalisant dans l'exercice de leur activité »[185].

15. L'appel à la responsabilité sociale des plateformes. L'argument de la responsabilité sociale des plateformes face à ces travailleurs a été un moteur essentiel de la reconnaissance de ces droits nouveaux[186].

La loi dite LOM[187] incite à établir une charte de responsabilité sociale déterminant les conditions et modalités d'exercice de la responsabilité sociale de la plateforme ainsi que ses droits et obligations et ceux des travailleurs. A ce titre, ces derniers obtiennent le droit de décliner une proposition de prestation sans risquer la brusque rupture. Par ailleurs, ce texte d'ordre public leur accorde la liberté de choisir les plages d'activité avec possibilité de se mettre en « off » durant celles-ci, interdit d'exiger l'utilisation d'un matériel ou d'un équipement déterminé (sauf obligations légales) et consacre la faculté de recourir simultanément à plusieurs intermédiaires et de fixer librement l'itinéraire[188].

16. Le renvoi à la négociation collective. Pour le reste, la loi laisse à la négociation collective le soin d'obtenir des avancées sociales conformément à l'article 8 du Préambule de la Constitution de 1946 : « Tout travailleur (donc même non salarié !) participe, par l'intermédiaire de ses délégués, à la détermination collective de ses conditions de travail.».

Cette action collective se heurte néanmoins à l'individualisme inhérent à l'activité de ces travailleurs. Les modes traditionnels de

---

[184] F. Masson, Un droit de grève en droit des contrats ? À propos des « mouvements de refus concerté » de fournir des services à une plateforme numérique, Droit social 2017. 861.

[185] C. du trav., art. L. 7342-5.

[186] I. Desbarats, Quel statut social pour les travailleurs des plateformes numériques ? La RSE en renfort de la loi, Droit social 2017. 971.

[187] La loi 2019-1428 du 24 décembre 2019 d'orientation des mobilités (loi LOM).

[188] Art. 1er de l'ordonnance du 6 avril 2022.

représentation collective supposent que l'action syndicale se déploie à partir d'un collectif de travail lequel est incarné par un employeur identifié ou identifiable et dans un périmètre déterminé (site, établissement, entreprise, groupe...).

Toutefois la dynamique est réelle face à la signature de plusieurs accords[189] dans un laps de temps très court, le tout sous l'égide d'une nouvelle autorité administrative, autorité des relations sociales des plateformes d'emploi (ARPE), chargée de veiller au bon déroulement de la négociation collective[190].

17. Le risque d'une négociation collective catégorielle. L'action collective portée souvent par des syndicats organisés sous forme associative et de manière autonome par rapport aux confédérations classiques[191] a eu pour ambition d'obtenir, par la mobilisation et par la négociation, une amélioration des conditions sociales des travailleurs, notamment en matière de rémunération et de travail décent, sans faire du statut de salarié une revendication prioritaire.

Cependant, cette négociation collective demeure très catégorielle. Certes elle permet de surmonter la difficulté réelle de la diversité de situation des travailleurs des différents modèles de

---

[189] On peut citer à titre d'exemple :
- l'accord du 18 janvier 2023 dans le secteur des VTC avec la fixation d'un revenu minimal par course
- l'accord du 20 avril 2023 dans le secteur des livreurs avec la fixation d'une rémunération minimale de 11,75 euros pour une heure d'activité
- l'accord du 20 avril 2023 dans ce même secteur dont l'objet principal est de définir de manière plus transparente les modalités de rupture des relations commerciales : mise en place de garanties de procédure avec des délais, une information préalable et l'exigence d'une intervention humaine et non pas seulement algorithmique dans la décision de rupture.
- l'accord du 19 septembre 2023 définissant pour les VTC le même type de modalités plus transparentes en cas de suspension ou de résiliation des relations avec une typologie limitative des causes justificatives.

[190] Voir l'ordonnance n° 2021-484 du 21 avril 2021 sur les modalités de représentation des travailleurs et ARPE et l'ordonnance n° 2022-492 du 6 avril 2022 fixe les modalités de représentation des plateformes, ainsi que les règles de négociation et les thèmes de négociation obligatoire. Elle complète également les missions de l'ARPE.

[191] R. Brihi, Quelle régulation pour les plateformes numériques ?, Semaine Sociale Lamy, n° 2085, 25 mars 2024.

plateforme mais le risque est d'aboutir à des statuts collectifs inégaux d'un modèle à un autre[192].

En réalité, en offrant un cadre juridique à la négociation collective, le législateur n'a pas tranché une question essentielle : compenser « l'absence d'un droit légiféré des travailleurs de plateforme ou ajouter à un statut légal qui devra, d'ici là, être constitué ? Dans ce dernier cas, quelle sera la part respective de la norme légale et de la norme conventionnelle dans l'établissement de règles protectrices des travailleurs ? »[193].

Dans cet environnement insuffisamment protecteur, il n'est pas surprenant que, face au juge, le travailleur ubérisé revendique la requalification salariale et appelle à son secours le droit du travail subordonné.

II – LA REVENDICATION DU STATUT DE SALARIÉ

18. L'embellie de façade des plateformes collaboratives cache en réalité un contentieux grandissant qui repose la question du statut de ces travailleurs cette fois devant le juge. Ce dernier n'a pas hésité à analyser leur situation non sous l'angle du statut de travailleur indépendant mais sous celle de leur dépendance économique. Cette jurisprudence désormais bien établie (A) a même été récemment confortée par le droit communautaire (B).

A – Des travailleurs reconnus salariés

19. Le caractère simple de la présomption de non salariat. En apparence, c'est le client de la plateforme qui donne du travail à faire, qui paie et qui évalue la prestation. La plateforme n'est qu'un simple intermédiaire. Mais pour répondre à la question de l'existence éventuelle d'un contrat de travail, il faut dépasser ces apparences et s'intéresser aux conditions concrètes d'exécution de la relation.

Cette approche est conforme à l'indisponibilité de la qualification de « contrat de travail » qui peut être reconnue peu importe la dénomination du contrat, de ses clauses ou des termes

---

192 En ce sens G. Loiseau, Travailleurs des plateformes de mobilité, L'amorce d'un droit de la négociation collective, JCP 2021. Doct. 590.

193 G. Loiseau, ibid. En ce sens F. Favennec-Héry, Les frontières de l'emploi : des évolutions ?, JCP 2022. 1105, n° 17.

utilisés. D'ailleurs, dès l'origine, le caractère irréfragable de la présomption de non-salariat a été rejeté. La faculté fut réservée de démontrer que des travailleurs étaient liés dans les faits à leur donneur d'ordre par un lien de subordination juridique permanente.

La tentative de consolidation du non-salariat par les parties a été exclue. Le Conseil constitutionnel a rappelé que la « détermination du champ d'application du droit du travail et, en particulier, les caractéristiques essentielles du contrat de travail » relèvent de la compétence du législateur[194].

20. La recherche des critères du contrat de travail. La relation entre le travailleur ubérisé et la plateforme a été passée au crible de la jurisprudence classique de la chambre sociale sur la définition du contrat de travail. Elle retient, depuis 1996, une acception restrictive : elle est « caractérisée par l'exécution d'un travail sous l'autorité d'un employeur qui a le pouvoir de donner des ordres et des directives, d'en contrôler l'exécution et de sanctionner les manquements de son subordonné », le travail au sein d'un service organisé pouvant « constituer un indice de subordination lorsque l'employeur détermine unilatéralement les conditions d'exécution du travail »[195]. La réalité l'emporte sur les qualifications retenues par les parties au contrat.

Pour obtenir la requalification en contrat de travail, le travailleur ubérisé se doit de rapporter les trois indices qui attestent de l'existence d'un lien de subordination : un pouvoir de direction du travail, un pouvoir de contrôle de l'activité des salariés et un pouvoir de sanction des agissements considérés comme fautifs par le donneur d'ordre.

Appliquant sa jurisprudence classique, la Cour de cassation a reconnu à plusieurs reprises la qualité de salarié à des travailleurs de plateformes en sanctionnant les plateformes de transport de

---

[194] La loi n° 2019-1428 du 24 déc. 2019 d'orientation des mobilités prévoyait, avant annulation sur ce point, la possibilité pour les opérateurs de plateforme de fixer « eux-mêmes, dans la charte les éléments de leur relation de travail qui ne pourront être retenus par le juge pour caractériser l'existence d'un lien de subordination, et par voie de conséquence, l'existence d'un contrat de travail ». Voir décision n° 2019-794 du Cons. const., 20 déc. 2019.

[195] Soc., 13 novembre 1996, n° 94-13.187, *Société générale,* D. 1996. 268 ; Dr. soc. 1996. 1067, note J.-J. Dupeyroux ; RDSS 1997. 847, note J.-C. Dosdat ; RJS 12/1996, n° 1320 ; JCP E 1997. II. 911, obs. J. Barthélémy. Voir aussi Soc. 19 déc. 2000, n° 98-40.572, *Labanne*, D. 2001. 355 ; Dr. soc. 2001. 227, note A. Jeammaud.

personnes[196] ou de livraison de repas[197]. Ainsi, dans le fameux arrêt *Uber* du 4 mars 2020[198], la chambre sociale a jugé qu'eu égard à un certain nombre de conditions pesant sur la chauffeur comme l'impossibilité de choisir ses propres clients, l'incitation à rester connecté, le contrôle par géolocalisation, la faculté de modifier unilatéralement les tarifs et la faculté de sanction par la déconnexion à la plateforme, le statut de travailleur indépendant du chauffeur était fictif[199].

En définitive, dans cet environnement économique et social, la plateforme numérique est bien plus qu'une application. Elle joue un rôle pivot entre le client et le travailleur. On retrouve les manifestations de pouvoir, sujétions centrales, au cœur de la relation. Elles viennent s'ajouter aux indices d'une subordination qualifiée d'algorithmique, qui est, en elle-même, d'une remarquable intensité.

21. Des conséquences redoutables pour les plateformes. La requalification des contrats de prestation de services en contrat de travail a des conséquences financières redoutables pour les plateformes : droit aux indemnités de rupture, droit aux congés payés, droit aux rappels de salaire...

A ces sanctions civiles, s'ajoutent celles de travail dissimulé. En effet, l'employeur qui ne procède pas à la déclaration préalable à l'embauche, qui ne délivre pas de bulletins de salaire ou encore ne verse pas les cotisations sociales peut être poursuivi au titre de cette

---

[196] Soc., 25 janvier 2023, n° 21-11.273, *Uber* ; Soc., 15 mars 2023, n° 21-17.316, *Bolt.*

[197] Soc., 24 juin 2020, *Take eat easy* n° 17-20.079 P, D. 2019. 177, et les obs., note M.-C. Escande-Varniol ; *ibid.* 2018. 2409, édito. N. Balat ; *ibid.* 2019. 169, avis C. Courcol-Bouchard ; *ibid.* 326, chron. F. Salomon et A. David ; *ibid.* 963, obs. P. Lokiec et J. Porta ; AJ contrat 2019. 46, obs. L. Gamet ; Dr. soc. 2019. 185, tribune C. Radé ; RDT 2019. 36, obs. M. Peyronnet ; *ibid.* 101, chron. K. Van Den Bergh.

[198] Soc., 4 mars 2020, n° 19-13.316 D. 2020. 490, et les obs. ; *ibid.* 1136, obs. S. Vernac et Y. Ferkane ; AJ contrat 2020. 227, obs. T. Pasquier ; Dr. soc. 2020. 374, obs. P.-H. Antonmattei ; *ibid.* 550, chron. R. Salomon ; RDT 2020. 328, obs. L. Willocx ; SSL 16 mars 2020, p. 21, obs. F. Champeaux ; Lexbase, éd. soc., 18 mars 2020, obs. C. Radé ; Option Droit & Affaires, lettre, 1er avr. 2020, obs. G. Chastagnol ; CCE avr. 2020, p. 29, obs. G. Loiseau ; LPA 24 avr. 2020, p. 1, obs. D. Baeur ; JCP E 2020. 45, obs. M. Depincé, D. Mainguy et B. Siau ; JCP 2020. 1373, obs. B. Bossu ; RDLF 2020, n° 2020-62, obs. P. Prépin.

[199] Voir aussi M. Richevaux, Encore une fois une entreprise de VTC contrainte de requalifier en contrat de travail ses relations avec les chauffeurs travaillant avec elle/pour elle, LPA mai 2023, n° LPA202i4.

infraction[200]. Pour déterminer la volonté de se soustraire à ces obligations, caractère intentionnel de l'infraction, les juges analysent les montages auxquels procèdent les donneurs d'ordre pour cacher la réalité de l'opération juridique. Les tribunaux ont sanctionné à plusieurs reprises des plateformes numériques au titre de l'infraction de travail dissimulé[201].

Les plateformes prennent aussi le risque d'être poursuivie sur le terrain du droit pénal de la concurrence[202] (exercice illégal de l'activité d'exploitant de taxi et enregistrement ou conservation illicite de données concernant une infraction), de la consommation (délit de pratique commerciale trompeuse) et même du droit des étrangers[203].

C'est ainsi que le souci de viabilité économique de ces plateformes se retourne contre elles à plusieurs égards[204].

22. Une jurisprudence aléatoire. Cette jurisprudence abondante et médiatisée reste néanmoins hasardeuse car soumise aux aléas probatoires[205] et enfermée dans des délais parfois déraisonnables souvent dissuasifs. Du reste, elle n'est pas spécifique à ces plateformes puisque l'économie dite traditionnelle n'y échappe pas. La très célèbre centrale de taxis G7, en tête de la fronde contre Uber, s'est retrouvée à son tour face à ses chauffeurs réclamant une requalification en CDI.

Face aux aléas, une réforme d'ensemble de la relation entre ces plateformes et les travailleurs est souhaitable. Elle pourrait venir de l'Union européenne.

---

[200] Voir C. du trav., art. L. 8221-5 du code du travail

[201] Par exemple, le 19 avril 2022, le tribunal correctionnel de Paris a condamné la société Deliveroo à la peine maximale encourue en cas de travail dissimulé soit 375 000 euros d'amende…

[202] M. Behar-Touchais, UBER rattrapé par la théorie de la concurrence déloyale, JCP Ent., n° 3 du 18 janvier 2024.

[203] Voir à ce sujet B. Gomes et L. Isidro, Travailleurs des plateformes et sans-papiers, Revue de droit du travail 2020. 728.

[204] A. Jeammaud, Uber, Deliveroo : requalification des contrats ou dénonciation d'une fraude à la loi ?, SSL 2017, n° 1780, p. 4.

[205] Voir notamment Soc., 13 avril 2022, n° 20-14.870, *Le Cab* qui a censuré un arrêt de la cour d'appel de Paris qui avait retenu, sans le caractériser d'après les juges de cassation, le lien de subordination juridique. Voir plus largement G. Grégoire, Le droit déboussolé des travailleurs de plateforme, JCP S 2023. 1267.

B – Des travailleurs présumés salariés

23. Un phénomène qui dépasse les frontières de la France. La situation des travailleurs ubérisés n'est pas spécifique à la France. L'application des règles du droit social a suscité le même contentieux dans le monde entier[206]. Des décisions similaires à celles de la chambre sociale de la Cour de cassation ont permis de requalifier un certain nombre des contrats de ces travailleurs en contrat de travail. Ces jurisprudences n'ont pas eu d'effet dissuasif et les plateformes continuent à employer sous un statut de travailleur indépendant.

A l'échelle européenne, plus de 28 millions de personnes travaillent déjà par l'intermédiaire d'une plateforme et ce chiffre ne cesse d'augmenter. Cette situation heurte un certain nombre d'exigences du droit communautaire telles que le droit à des conditions de travail transparentes et prévisibles, le droit à la santé, l'accès à la protection sociale, ainsi que des aspects de droit de la concurrence.

Certes la Cour de justice de l'Union européenne a suivi le même chemin[207] que la Cour de cassation mais des décisions sont parfois allées dans un sens défavorable à la requalification en contrat de travail[208]. Par conséquent, y compris à l'échelle communautaire, tous les travailleurs de plateformes n'entrent pas dans le champ du droit du travail subordonné.

24. Enfin une directive européenne. Cette instabilité jurisprudentielle rend nécessaire la construction d'un droit spécifiquement adapté à ces travailleurs. C'est pour cette raison que le Conseil européen s'empare de la question en 2018, donnant lieu à une proposition de directive par la Commission Européenne en 2021.

Le projet a engendré des négociations compliquées et des désaccords successifs entre le Parlement européen et le Conseil, très divisé, du fait notamment d'une fronde de pays menée par la France opposée à une présomption de salariat trop énergique. Par un

---

[206] M.-C. Escande-Varniol, L'ubérisation, un phénomène global. Regard de droit comparé, Revue de droit du travail 2017. 166 : M. Assaer, Droit des travailleurs des plateformes : état des lieux à l'international, JCP S 2021. 1188 ; K. Van Den Bergh, Plateformes numériques de mise au travail : mettre fin à une supercherie, Revue de droit du travail 2018. 325 et les décisions citées.

[207] CJUE, 20 déc. 2017, aff. C-343/15 sur l'entreprise Uber.

[208] CJUE, 22 avr. 2020, n° C-692/19, JCP S 2020, 2037, note G. Loiseau sur l'entreprise Yodel, qui s'occupe de la livraison de colis.

retournement un peu inespéré, le Parlement Européen et le Conseil de l'Europe adoptent, le 23 octobre 2024, une directive relative à l'amélioration des conditions de travail dans le cadre du travail via une plateforme[209].

La directive fait le choix de la présomption de salariat au bénéfice de ces travailleurs. A l'opposé du droit français, « lorsqu'il est constaté des faits témoignant d'une direction et d'un contrôle », les travailleurs de plateformes sont présumés être salariés, à charge pour la plateforme qui conteste la présomption de rapporter la preuve de l'indépendance « au sens du droit, des conventions collectives ou de la pratique en vigueur dans l'État membre, eu égard à la jurisprudence de la Cour de justice »[210].

Certes les compromis obtenus au cours des débats peuvent faire regretter « l'insuffisance - et de l'inefficacité probable - de la présomption de salariat »[211]. Elle s'inscrit dans la dichotomie existante, en proposant le maintien de statuts différenciés entre salariés et travailleurs indépendants. Mais si toutes les potentialités sont exploitées, ce texte peut constituer un outil stratégique dans la lutte contre le travail précaire.

25. Quel avenir pour la présomption française de non salariat ? En France, la transposition de la directive risque de modifier les termes du débat judiciaire sur deux points principalement. Tout d'abord, la présomption de salariat repose sur deux séries d'indices (direction et contrôle) et non sur trois. Ensuite, une fois la présomption établie, c'est la plateforme qui serait tenue de démontrer l'indépendance réelle du travailleur.

Ce renversement de la charge de la preuve a-t-il pour conséquence de rendre sans objet la présomption d'indépendance édictée par le Code du travail ? Rien n'est moins sûr[212]. Techniquement, ces deux présomptions ne jouent pas au même moment. « Alors que la

---

[209] Directive (UE) 2024/2831 du parlement européen et du conseil du 23 octobre 2024, JO de l'union européenne du 11 novembre 2024.

[210] Art. 5 de la directive.

211 M. Vicente et A. Perulli, La directive relative à l'amélioration des conditions de travail dans le cadre du travail via une plateforme, un outil efficace de lutte contre la précarité ?, Revue de droit du travail 2024. 636.

[212] En ce sens M. Vicente et A. Perulli, préc ; F. Guiomard, Travailleurs des plateformes numériques : une directive, enfin, mais pour quoi faire ?, Dalloz actualité, 18 mars 2024 qui considère que la « France devra revoir sa copie ».

présomption d'indépendance est immédiatement liée à une inscription administrative, la présomption de salariat ne jouera qu'en cas de saisine du juge »[213]. Suivant les termes même de la directive, il s'agit d'une facilitation procédurale, donc liée à une action en justice. On peut aisément imaginer que « les deux présomptions s'articulent, l'une intervenant immédiatement, l'autre uniquement sur saisine du juge »[214].

Le champ même de la présomption de salariat est d'ailleurs moins large que celui de la présomption d'indépendance. Suivant les termes de la directive, la présomption de salariat n'aura vocation à jouer que dans les procédures administratives et judiciaires, à l'exclusion des « questions fiscales, pénales ou de sécurité sociale ». Rien n'interdit cependant les Etats membres à le faire lors de la transposition. En France, les aspects civils ont nécessairement des conséquences sur les autres branches du droit. C'est pourquoi, le législateur français devrait saisir cette occasion pour élargir le domaine de la présomption communautaire et ainsi consacrer un régime unique de preuve pour les travailleurs des plateformes.

Toutefois au-delà de l'aspect technique, le maintien de la présomption d'indépendance pourrait être en contradiction avec les objectifs de la directive. Si le législateur français reste dans le statu quo lors de la transposition, « les juges pourraient eux-mêmes être tentés d'écarter le mécanisme de la présomption d'indépendance sur le fondement de l'effet utile de la directive, obligeant le législateur à revoir sa copie »[215]. La discussion parlementaire sur les termes de la transposition de la directive sera, à n'en pas douter, un moment décisif[216].

26. Une occasion de repenser le droit du travail ? Le mouvement d'ubérisation du travail renouvèle sans conteste les rapports entre travail subordonné et travail indépendant. Déjà loin d'être claire, la frontière entre les deux s'obscurcit. Les travailleurs ubérisés sont ainsi

---

[213] T. Pasquier, Travailleurs de plateformes numériques : des salariés « dissimulés » ?, https://www.leclubdesjuristes.com/economie/travailleurs-de-plateformes-numeriques-des-salaries-dissimules-8327/

[214] T. Pasquier, ibid.

[215] En ce sens, T. Pasquier, ibid.

[216] Les Etats-membres ont deux ans pour la transposer en droit interne. Ils peuvent légiférer ou confier aux partenaires sociaux (à leur demande) la mise en œuvre de la directive (art. 29). Ainsi, la directive réaffirme-elle le rôle central des représentants et des syndicats dans la protection des travailleurs – salariés et indépendants.

ballotés entre deux statuts qui ne sont pas pleinement satisfaisants dès lors qu'ils sont pris isolément. Par conséquent, les frontières entre travail indépendant et travail salarié se brouillent, à l'origine d'une plus grande fragilité de l'emploi indépendant[217].

A travers la situation de ces travailleurs, resurgit ainsi un vieux débat, celui d'esquisser les contours d'un droit du travail non salarié qui serait compatible avec une liberté souvent recherchée[218]. Les rapports de domination économique qui avaient fondé la naissance du droit du travail s'étendent aujourd'hui bien au-delà des limites du travail salarié. Le droit du travail a donc bien vocation à devenir le droit commun de toutes les relations de travail, salariées ou non[219]. Elle implique de distinguer d'une part les droits fondamentaux et les principes généraux applicables à toutes les relations de travail, et d'autre part les droits spéciaux applicables aux diverses sortes de rapport de travail. Le principal défi sera de délimiter le général et le spécial.

Si les perspectives tracées ici venaient à se vérifier, c'est à une véritable refondation du droit du travail qu'on assistera dans les décennies qui viennent. De toute évidence, l'entreprise algorithmique est un véritable laboratoire social. C'est ainsi tout à la fois un défi et une perspective…

---

[217] Voir F. Favennec-Héry, Les frontières de l'emploi : des évolutions ? JCP S 12 avril 2022, 1105.

[218] Voir notamment G. Lyon-Caen, Le droit du travail non-salarié, Dalloz-Sirey, 1990 et Où mènent les mauvais chemins, préc.

[219] Voir le rapport phare du Bureau international du Travail, *Emploi et questions sociales dans le monde*, 2021 qui identifie une longue liste de droits à garantir à tous les travailleurs, indépendamment de la forme contractuelle de la mise au travail.

L'antifragilité comme conséquence d'un échec entrepreneurial : un cas d'ubérisation

Rosa MILENA MUÑOZ[a] et Hugo DE TARRAGON[b]

[a] Doctorante en sciences de gestion, Universitad de Los Andes, Colombie
[b] Docteur en sciences de gestion, IAE Université de Limoges, CREOP (UR 15561), France

Résumé

L'échec entrepreneurial (DE) en tant que concept polysémique est souvent perçue comme une "faillite" et reflète l'incapacité des entreprises débitrices à honorer leurs engagements en raison d'une détérioration de leur solvabilité, liquidité ou rentabilité. Bien que l'EE se concentre sur ces résultats négatifs, il néglige d'autres effets tels que le rebondissement et des projets futurs plus stables. Malgré cette lacune, le concept d'antifragilité est apparu comme une compétence entrepreneuriale vitale, facilitant l'apprentissage et le « rebounding ». Cette étude explore comment les PME confrontées à la défaillance entrepreneuriale créent de l'antifragilité. Encadrés dans le processus de défaillance entrepreneuriale de Klimas et al. (2021), nous examinons les antécédents et les effets (tels que les tensions entre les causes et la résilience) dans le processus pour développer l'antifragilité. À travers une étude de cas unique avec une approche ethnographique de « SuLo », un prestataire de services logistiques français sous-traitant d'une plateforme de e-commerce internationale, nous approfondissons notre compréhension du rôle de la défaillance entrepreneuriale dans le développement de l'antifragilité. En utilisant des données ethnographiques, nous contextualisons le cas en obtenant des visions restaurées du terrain. En analysant l'expérience de SuLo, de nouvelles perspectives sur la réadaptation face à la défaillance entrepreneuriale, la récupération et la construction de l'antifragilité sont obtenues. Cela souligne l'importance de l'antifragilité pour les LSP dans la réalisation de la durabilité financière et sociale malgré des dépendances inégales dans des cas avérés d'*Uberisation*.

Mots-clés : Échec entrepreneurial, compétences entrepreneuriales, antifragilité, résilience, gestion, logistique.

Introduction

Largement cité par les chercheurs comme synonyme de « faillite » (Lemercier, 2023), l'échec entrepreneurial (EE) peut être compris comme l'incapacité des entreprises débitrices à honorer leurs engagements en raison de la détérioration d'indicateurs tels que la solvabilité, la liquidité ou la rentabilité (Lemercier, 2023 ; Sangué-Fotso & Nkakene Molou, 2021). À cet égard, l'EE concerne non seulement l'arrêt des projets entrepreneuriaux, mais aussi l'échec d'une tentative de développement d'une nouvelle stratégie (Lemercier, 2023). Sur la base de cette définition, les chercheurs ont principalement concentré leur attention sur les conséquences négatives de l'échec entrepreneurial, telles que la faillite. Il convient toutefois de noter que l'EE ne marque pas nécessairement la fin d'un parcours entrepreneurial. Elle peut être perçue comme une « expérience entrepreneuriale [...] favorisant les conditions du rebond », aidant les professionnels à développer des projets plus stables et durables (Lemercier, 2023, p. 2). Pourtant, la littérature sur l'EE a accordé moins d'attention aux retombées positives. Parmi ces résultats, on trouve le concept d'anti-fragilité en tant que compétence entrepreneuriale (Mitchelmore & Rowley, 2010), qui favorise des habitudes d'apprentissage durables en découvrant des opportunités négligées pour relancer des entreprises avec des idées et des opportunités profondes (Rawal et al., 2023). Bien que les recherches existantes mettent l'accent sur l'EE en tant que processus d'apprentissage, peu d'études explorent sa création et le rôle de la EE dans la promotion de l'antifragilité. Il reste donc intéressant d'étudier comment les entreprises parviennent à l'antifragilité. La présente étude porte sur la question suivante : *Comment les PME confrontées à l'échec entrepreneurial créent-elles l'antifragilité ?*

Cet article s'inscrit dans le processus d'EE de Klimas et al. (2021) concernant les causes et les effets de l'EE. Les premières sont les antécédents et les moteurs, tels que les tensions entre les causes émotionnelles et la résilience. Les seconds répondent aux effets directs et indirects ainsi qu'aux résultats à long terme, tels que l'apprentissage au niveau individuel et le développement de l'antifragilité. Pour examiner le rôle de l'EE en tant que processus de création de l'antifragilité, nous avons utilisé une étude de cas unique (Eisenhardt, 1989 ; Hlady-Rispal, 2002) pour la PME « SuLo », un prestataire de services logistiques (PSL) français. Étant donné que l'EE est étroitement liée aux expériences personnelles de l'entrepreneur et à sa relation avec l'échec (Lemercier, 2023), nous soutenons qu'une étude de cas unique permet une compréhension plus approfondie d'un processus de EE spécifique et de sa fonction dans la promotion de l'antifragilité. Nous avons également combiné des données ethnographiques (Beaud & Weber, 2010 ; Becker, 2020) qui nous ont permis de mieux contextualiser notre cas, en collectant des données informelles et des « visions restaurées du terrain » (Beaud & Weber, 2010, p. 7).

Dans cet article, nous nous penchons sur le processus de création de l'antifragilité en racontant comment SuLo a fait face à son processus d'EE, comment elle a découvert les ressources nécessaires pour se rétablir et les leçons qu'elle a tirées de cette expérience. Le PDG de SuLo dépend fortement d'un partenaire commercial influent. Ce dernier a exploité sa position avantageuse en exerçant une pression croissante sur SuLo, ce qui a progressivement entraîné une baisse des bénéfices et une aggravation des tensions sociales pour la PME. Perçu comme un échec, le partenariat a été rompu par le PDG de SuLo. En étudiant le cas de SuLo, nous contribuons à mettre en lumière l'EF en tant qu'outil d'apprentissage et à souligner ses aspects positifs. En utilisant à la fois une approche par les compétences et une recherche ethnographique, nous offrons un aperçu significatif des compétences que le PDG de SuLo a dû exploiter pour atténuer l'EE, se rétablir et favoriser l'antifragilité. Compte tenu de la profonde dépendance des PSL vis-à-vis de leurs partenaires commerciaux, nous proposons un témoignage unique qui met en évidence comment cette dépendance inégale peut entraîner une détérioration de la valeur des PSL. Nous démontrons également comment les PSL peuvent développer l'anti-fragilité afin d'atteindre la durabilité financière et sociale.

De la résilience à l'anti-fragilité

L'échec entrepreneurial (EE) est un phénomène multidimensionnel qui s'exprime non seulement par une spirale de sous-performance économique (Klimas et al., 2021), par l'impossibilité financière de payer les engagements et les dettes antérieurs (Casta & Zerbib, 1979 ; Sangué-Fotso & Nkakene Molou, 2021) ou par la cessation de paiement entraînant le recours aux lois sur l'insolvabilité (Jouin et al., 2023). L'EE ne se limite pas à ces facteurs organisationnels (Amankwah-Amoah, 2016). Khelil et al. (2022) proposent une vision intégrative de l'échec comprenant plusieurs approches : l'approche psychologique (centrée sur l'entrepreneur), l'approche sociale (centrée sur l'environnement) et l'approche managériale (centrée sur l'organisation). Par conséquent, les dimensions personnelle et organisationnelle de l'échec entrepreneurial peuvent se produire séparément ou simultanément, ce que l'on appelle un « échec total ». Bien que les organisations aient pris leur propre identité et que la faillite ait été l'indicateur le plus courant de l'EE, ce qui donne vie à une organisation est l'action entrepreneuriale (Shepherd, 2015), particulièrement poursuivie par ses entrepreneurs. Par conséquent, l'EE peut également être attribué à l'échec d'une équipe d'entrepreneurs qui tentent de développer une nouvelle stratégie (Lemercier, 2023). Par conséquent, l'échec personnel de l'entrepreneur est pertinent lorsque le fait de surmonter l'échec en lançant une nouvelle entreprise ou une nouvelle opportunité est un résultat souhaité à long terme.

Dans cette perspective, l'EE peut être conceptualisé comme un processus englobant des phases distinctes avant et après l'échec (Klimas et al., 2021). Cette conception du processus n'est pas nouvelle et peut être considérée comme « une construction sociale complexe » (Mantere et al., 2013), au cours de laquelle l'expérience de l'EE se déroule en trois épisodes, composés de l'anticipation de l'échec et de la rencontre avec l'échec, suivis d'un processus de transformation de l'échec lorsque la stigmatisation est gérée (Singh et al., 2015). Des études récentes élargissent ces perspectives à différents niveaux d'analyse qui englobent les antécédents et les moteurs conduisant à l'EF, ainsi que les effets hétérogènes, directs, indirects et à long terme de l'échec (Klimas et al., 2021). Dans cette optique, l'EE constitue également « l'expérience entrepreneuriale [...] qui favorise les conditions du rebond », en aidant les professionnels à développer des projets plus stables et durables (Lemercier, 2023). Outre l'événement lui-même de l'EE, les conditions du rebond nécessitent de démystifier et de reconsidérer la stigmatisation en construisant de nouveaux mécanismes pour y faire face à court et à long terme.

Dans un environnement volatile, incertain et en constante évolution, l'échec offre la possibilité d'explorer et d'exploiter de nouvelles opportunités, créant ainsi un terrain fertile pour le rebond et la mise en place de projets plus stables et durables (Lemercier, 2023). Deux concepts clés émergent ici : la résilience et le rebond. La résilience peut être considérée comme la capacité à prospérer après une crise (Morris et al., 2013) en maintenant un fonctionnement stable malgré l'expérience d'un traumatisme (Corner et al., 2017). Peu d'études prennent en compte le rétablissement personnel et la collaboration dans les sphères sociales et régionales lorsqu'elles abordent la résilience (Portuguez Castro & Gómez Zermeño, 2020). Cependant, pour favoriser le rebond, la résilience devrait englober le rétablissement émotionnel (Rawal et al., 2023). Le rebond fait référence au processus de reprise de l'activité entrepreneuriale sur une base saine, favorisant un rétablissement rapide et une déstigmatisation de l'échec entrepreneurial (Lemercier, 2023). Alors que la littérature sur la résilience et l'avantage concurrentiel durable se concentre souvent sur la survie dans l'adversité, englobant une réponse réactive. Lemercier (2023) considère l'échec comme faisant partie d'un voyage où le progrès et le changement sont acceptés plutôt que de perpétuer les structures ou les situations existantes. Cette réflexion proactive cherche à créer des avenirs alternatifs qui remettent en question les structures socio-économiques problématiques (Rawal et al., 2023). La guérison de l'échec a été largement négligée dans la littérature. Si la résilience, comprise comme un fonctionnement stable, atténue la douleur ou réduit le temps de récupération émotionnelle après un échec (Corner et al., 2017), la récupération émotionnelle en tant qu'étape permettant de poursuivre ou de construire de nouvelles opportunités d'entreprise ne doit pas être négligée (Rawal et al., 2023). Le rétablissement émotionnel est nécessaire pour poursuivre l'apprentissage réflexif, suivi par l'exploitation de la perception prospective de la réalité, qui dévoile de nouvelles sources de création de valeur. Par conséquent, le rétablissement en tant que première phase critique pour permettre de nouvelles opportunités a été développé dans le concept d'antifragilité. Ce concept concilie les tensions entre le renforcement de la résilience et la gestion des causes émotionnelles de l'échec (Rawal et al., 2023). En outre, l'antifragilité aborde explicitement le deuil et la stigmatisation sociale par le biais de méthodes proactives de récupération réflexive pour faire face aux émotions. Une fois que les entrepreneurs ont démystifié l'échec et guéri, une nouvelle phase d'apprentissage commence par la réflexion sur le passé afin de permettre une prise de conscience prospective et d'influer sur l'avenir par le biais du rebond entrepreneurial.

S'inspirant de cette littérature, l'antifragilité est illustrée comme un résultat à long terme de l'EE (Rawal et al., 2023). Ce processus explique que l'antifragilité ne se produit pas dans le vide (Klimas et al., 2021). Les antécédents intrinsèques ou exogènes de l'échec deviennent des moteurs qui peuvent conduire à des événements d'échec, qui produisent également les trois phases de création de l'antifragilité :

récupération, apprentissage et rebond (Rawal et al., 2023). La phase de récupération se déroule en boucle avec la phase d'apprentissage, cette dernière ne pouvant être réalisée qu'en présence d'un locus de contrôle élevé. En effet, la réflexion aide non seulement à comprendre les causes de l'EE, mais aussi à réguler les émotions, ce qui conduit à l'élaboration d'un sens prospectif. Enfin, la préparation émotionnelle qui permet l'apprentissage conduit à la sensibilité à la prévention de nouvelles opportunités futures, obtenues par les moments d'apprentissage profond et qui permettent à la phase de redémarrage de faire rebondir l'entreprise.

La littérature sur l'échec est rare, surtout lorsqu'il s'agit de cristalliser des études de cas qui aident à comprendre l'échec en tant que partie intégrante du voyage entrepreneurial (Mantere et al., 2013). Comprendre ce phénomène dans un contexte spécifique peut faciliter la compréhension de l'antifragilité en tant que compétence entrepreneuriale clé. Par conséquent, la section suivante présente la méthodologie utilisée pour comprendre les phases de l'antifragilité dans une entreprise de logistique française.

Design de recherche

Sélection du cas

Cette recherche utilise une approche d'étude de cas ancrée dans un cadre épistémologique interprétatif. L'objectif est d'examiner un phénomène dans son contexte réel et de comprendre les perceptions individuelles de ceux qui vivent le phénomène. Cette approche implique l'examen exhaustif d'un cas particulier présentant le phénomène étudié (Yin, 1984), ce qui la rend particulièrement adaptée à l'analyse des processus et à l'identification des causalités récursives (Hlady-Rispal, 2002). La position épistémologique interprétativiste considère l'expérience vécue comme connaissable (Husserl, 1970), suggérant que la compréhension d'une situation par un sujet est intrinsèquement liée à la fois à la situation et au sujet qui la vit. L'objectif de cette étude est de fournir une analyse complète des perceptions de la réalité de chaque acteur impliqué dans les événements étudiés, comme le soulignent Avenier et Thomas (2015) et Mees-Buss et al. (2022).

Le but de cette recherche est d'examiner comment les entrepreneurs réagissent à l'échec afin de développer l'anti-fragilité.

L'objectif est de comprendre comment les individus qui subissent un échec le perçoivent, et comment ils s'en remettent, apprennent et rebondissent au point de croire qu'ils auraient pu l'éviter. Pour atteindre cet objectif, nous examinons le cas de « SuLo », une PME du secteur de la logistique urbaine dont le siège se trouve dans la région de Bordeaux. En particulier, SuLo est un prestataire de services logistiques (PSL) chargé du transport de marchandises entre un expéditeur (par exemple, une marque de distribution multinationale) et leurs destinataires urbains (par exemple, les magasins urbains de la marque susmentionnée). C'est une petite et moyenne entreprise (PME) familiale qui emploie une cinquantaine de personnes. L'entreprise a été créée au début des années 2000 par Philippe et Cathy, qui en sont aujourd'hui les dirigeants. Ce cas a été choisi pour sa valeur illustrative particulière par rapport au phénomène analysé. Le cas SuLo est utilisé de manière instrumentale, i.e., pour exemplifier le modèle théorique proposé dans le cadre théorique (Hlady-Rispal, 2002).

En particulier, cette étude de cas examine le partenariat entre SuLo et une plateforme de commerce électronique, qui a débuté en 2020 et s'est achevé en septembre 2023, suite au désengagement de la PME. Le partenariat a ensuite été considéré comme un échec, ce qui a donné lieu à des actions visant à *« éviter que cela ne se reproduise »* [Philippe].

Conformément au principe de positionnalité, qui traite de l'impact des chercheurs sur la collecte et l'interprétation des données (Bourke, 2014 ; Reich, 2021), le second auteur a été pleinement intégré en tant qu'observateur interne dans une entreprise de fabrication de carrosseries de camions impliquée dans la logistique urbaine, désignée sous le nom d'IAF, partenaire de travail de l'entreprise SuLo depuis sa création au début des années 2000. Cette approche a permis de garantir l'accès aux données, tandis que le premier auteur est resté extérieur au contexte de l'étude, ne participant qu'à deux entretiens finaux, dans l'objectif de limiter le biais d'interprétation lié à l'implication dans le terrain et garantir la fiabilité des résultats (Aguinis et Solarino, 2019).

Collecte et analyse des données

En ce qui concerne la collecte de données, cette recherche utilise une méthodologie ethnographique pour s'engager profondément dans les données contextuelles et élucider les interactions dynamiques entre les acteurs et leurs perceptions de la logistique urbaine. Cette approche a le potentiel de générer des conceptualisations alternatives et de contribuer au développement de nouvelles connaissances, améliorant ainsi les cadres théoriques existants (Wieland et al., 2024). Cette approche a le potentiel de générer des conceptualisations alternatives et de contribuer au développement de nouvelles connaissances, améliorant ainsi les cadres théoriques existants (Wieland et al., 2024). L'ethnographie a pour objectif d'examiner la dynamique complexe de la réalité sociale du point de vue des individus qui l'habitent et la façonnent (Zilber & Zanoni, 2022). Cette méthode comprend la collecte de données informelles et permet de « rétablir les perspectives ascendantes », facilitant ainsi une compréhension globale de ceux qui sont au premier plan du phénomène étudié (Beaud & Weber, 2010, p. 7). L'objectif est de mieux comprendre les relations et les échanges entre divers acteurs afin d'élucider les événements dans leur contexte particulier (Hlady-Rispal, 2002). L'ethnographie est une approche interprétative qui cherche à explorer la réalité sociale à travers les perspectives de ceux qui la construisent (Avenier & Thomas, 2015). Elle cherche à saisir les nuances des dynamiques sociales et à formaliser un cadre théorique contextualisé.

L'étude ethnographique, menée entre mars 2022 et décembre 2023, a comporté des observations participantes et des entretiens ethnographiques. Ces méthodes ont permis de contextualiser les observations et d'affiner les cadres d'analyse (Van Maanen, 2011). Les entretiens ont été conçus pour compléter les données d'observation, en facilitant les comparaisons entre différents sujets et en permettant « la comparaison et, par conséquent, d'aborder les questions de recherche de la manière la plus riche possible » (Hlady-Rispal, 2002, p. 101). Au total, 90 heures d'observation ont été enregistrées, dont 48 heures de travail sur le terrain avec les chauffeurs-livreurs.

En outre, la collecte de données a été complétée par cinq entretiens non directifs avec les dirigeants de SuLo, à savoir Philippe et Cathy. Ces entretiens ont été structurés comme des récits de vie (Bertaux, 2010), avec une durée moyenne de trois heures. Ces séances ont été menées de manière informelle, fréquemment pendant les repas ou lors de périodes d'entretien prévues au bureau. L'objectif était de reconstruire le phénomène étudié. Cela a permis aux participants d'adopter une position réflexive, qui a contextualisé les observations recueillies au cours de l'enquête ethnographique (Langley, 1999). L'utilisation de récits de vie a permis de découvrir la signification des phénomènes étudiés par le biais d'un discours libre, incitant ainsi les participants à chercher à donner du sens par le biais d'une narration personnelle (Burrick, 2010). En conséquence, ces récits ont permis un certain degré de détachement par rapport aux phénomènes étudiés, facilitant ainsi la réflexion sur les causes sous-jacentes et les conséquences potentielles.

Les entretiens ont été transcrits, puis codés à l'aide d'un cadre élaboré au cours de l'analyse documentaire. Tout au long de l'étude, tous les sujets observés ont été consignés dans un journal de bord, et une centaine de photographies ont été prises pour enregistrer la progression de l'étude et structurer la conception de la recherche. Ces photographies et observations ont été partagées avec les personnes interrogées et les chercheurs, comparées à la littérature existante et utilisées pour affiner le cadre théorique et informer les phases ultérieures du travail sur le terrain. Afin d'atténuer les biais potentiels, les chercheurs ont organisé des réunions régulières et sollicité l'avis d'experts externes, ce qui a permis de conserver un point de vue extérieur sur la conception et les résultats de la recherche (Aguinis et Solarino, 2019). Ces cycles itératifs entre la littérature et le travail de terrain ont généré de nouvelles perspectives, typiques de la recherche interprétative herméneutique (Mees-Buss et al., 2022). Par la suite, les données et les observations de l'étude ethnographique ont été traitées à l'aide de la méthode du storyboard, réorganisées en fonction des cadres analytiques et utilisées pour identifier les verbatim pertinents, structurer les arguments et élaborer un récit cohérent (Rockmann et Vought, 2023).

Résultats

Sulo

Cathy et Philippe, deux entrepreneurs français mariés et travaillant en couple, se consacrent pleinement à leur entreprise familiale, SuLo, depuis le début des années 2000. Basée à Bordeaux, l'entreprise de services aux entreprises SuLo est active dans le secteur de la livraison de marchandises lourdes depuis des années et maintient sa présence dans la région avec une équipe de 53 employés. Après la pandémie de COVD-19, ils ont déclaré : *« Nous voulons essayer quelque chose de nouveau »,* témoignant ainsi de leur volonté de relever de nouveaux défis.

C'est dans cet état d'esprit qu'ils ont commencé à explorer les possibilités d'expansion et de diversification des activités de SuLo. La

PME, fondée sur la confiance et des valeurs centrées sur l'humain, a cherché à étendre ses activités en se lançant dans la livraison de petits colis, inspirée par l'évolution du marché et le partenariat fructueux d'un collègue. C'est dans ce contexte qu'elle a envisagé de conclure une alliance stratégique avec un nouveau partenaire. Motivés par l'optimisme et le désir de tirer parti des synergies, ils se sont lancés dans cette aventure avec la conviction que la collaboration serait le moteur d'une croissance mutuelle. « Nous n'avions aucune expérience » dans la formation de telles alliances, mais « nous nous attendions à de grandes performances » de la part de ce nouveau partenariat, convaincus que leur volonté d'accepter le changement mènerait au succès.

Les causes de l'EE : un partenariat asymétrique

Cathy et Philippe ont décidé de commencer à livrer de petits colis, en s'éloignant de leur activité traditionnelle de livraison de gros envois. Ils se souviennent avec enthousiasme de leur projet : « Nous avons toujours rêvé de faire des livraisons de colis dans la région d'Arcachon ». Cependant, cette nouvelle entreprise avec le partenaire de SuLo a révélé des différences fondamentales de valeurs, ce qui a entraîné un décalage important entre les attentes et les résultats. Alors que SuLo a toujours défendu la confiance, le soutien mutuel et les relations humaines, son partenaire a donné la priorité à l'efficacité et aux mesures de performance. Un exemple de cette situation a été fourni par les rapports GPS des performances de chaque chauffeur, comparés au plan de livraison en dehors des heures de travail ou pendant les pauses déjeuner obligatoires.

Au-delà des valeurs communes : les limites révélées.

Ce décalage est devenu évident lorsque SuLo a dû faire face à une pression croissante qui l'a contraint à répondre à des attentes irréalistes, ce qui a conduit à un engagement excessif. Il a alors pris conscience que l'entreprise n'avait pas suffisamment expérimenté ou testé la viabilité de ce nouveau partenariat. Les fluctuations saisonnières de la demande du partenaire de SuLo ont engendré des coûts fixes insoutenables, notamment en ce qui concerne la gestion des salaires. En outre, l'approche impersonnelle du partenaire en matière de ressources humaines a mis à rude épreuve les opérations de SuLo, érodant la confiance et la collaboration au sein de l'entreprise.

Alors que Cathy et Philippe cherchaient des conseils juridiques, ils se sont rendus à l'évidence : « Ce n'est pas un partenariat ». Le déséquilibre de la relation était indéniable : SuLo supportait des risques et des responsabilités disproportionnés. Les demandes de licenciement formulées par le partenaire, sans tenir compte des conséquences juridiques et humaines, ont mis en évidence la nature exploiteuse de la relation. Cela a conduit à la destruction de valeur : SuLo a été forcée d'embaucher puis de licencier près de 300 employés pour une opération qui ne nécessitait en fin de compte que 53 personnes. Le partenariat s'est transformé en une relation asymétrique, loin de l'échange mutuel d'avantages qui définit un véritable partenariat.

SuLo a dû faire face à d'importantes difficultés, car elle a commencé à ne plus pouvoir honorer ses engagements financiers, ce qui a mis à rude épreuve les ressources de l'entreprise. Cette pression financière a eu un impact psychologique sur Cathy et Philippe, entraînant frustration, anxiété et déception, et érodant leur confiance dans le partenariat. Sur le plan social, la situation a également eu un effet notable : les relations avec les chauffeurs ont souffert et les stigmates de l'échec du partenariat ont affecté le moral et la cohésion au sein de l'organisation.

Se relever : construire l'antifragilité à partir des échecs

Après cette expérience, Cathy et Philippe, motivés par leur engagement envers l'entreprise familiale, ont persévéré face aux défis. Ils se sont engagés dans un processus complet de récupération, d'apprentissage et de rebondissement. Ce dévouement les a non seulement aidés à surmonter les difficultés, mais il leur a également permis de développer l'antifragilité au sein de SuLo. Cette démarche a conduit à une meilleure prise de décision dans le cadre de nouveaux projets.

Malgré les difficultés, Cathy et Philippe ont choisi de mettre progressivement fin au partenariat, en s'efforçant de minimiser l'impact de la faillite qui en résulterait. Dans la phase de rétablissement, ils ont réussi à gérer leurs émotions grâce au soutien mutuel, ce qui leur a permis de passer à une phase d'apprentissage. Dans cette phase d'apprentissage, ils ont adopté trois principes clés : ils ont commencé par mettre l'accent sur une activité axée sur les valeurs, en veillant à ce que *« nous soyons désormais attentifs aux personnes avec lesquelles nous travaillons ».* Ils ont également abordé la question de la prévention des dommages émotionnels, Cathy affirmant : *« Mon style de management ne sera plus jamais le même »*. En outre, ils se sont attachés à garantir la longévité de l'entreprise en passant de la simple chasse au volume à la priorité donnée à la durabilité et aux pratiques utiles, comme ils l'ont fait remarquer : *« Nous ne recherchons plus le volume, mais la création de sens »*. Les leçons tirées de cette expérience ont permis à SuLo d'entrer dans une phase de rebond en identifiant et en exploitant de nouvelles opportunités. Trois éléments clés ressortent de leur histoire : premièrement, ils ont modifié leur modèle d'entreprise en abandonnant les livraisons de colis et en se recentrant sur leurs activités principales, illustrant ainsi un changement stratégique qui les a détournés d'activités moins rentables. Deuxièmement, ils ont adopté une nouvelle perspective en matière d'efficacité, reconnaissant qu'*« il est préférable d'avoir 25 employés et une entreprise rentable plutôt que 60 et de perdre de l'argent »*. Enfin, ils ont fait preuve d'un engagement profond envers leurs employés, qu'ils considèrent comme faisant partie de leur famille élargie. Cathy et Philippe affirment d'ailleurs : *« Mes employés sont comme mes enfants. »*

Ce parcours illustre le pouvoir de la perception prospective qui permet de dévoiler de nouvelles sources de création de valeur. Grâce à leur capacité de réflexion sur leur passé, Cathy et Philippe ont pu mettre en œuvre efficacement les concepts prospectifs. Ils ont utilisé leur fort locus de contrôle pour traverser la phase de rétablissement. Cette réflexion les a aidés non seulement à comprendre les causes de leurs échecs antérieurs, mais aussi à réguler leurs émotions, ce qui leur a permis d'élaborer des stratégies perspicaces pour réussir à l'avenir. Leur disposition émotionnelle à tirer des leçons de leurs expériences profondes leur a permis de reconnaître et de saisir de nouvelles opportunités. En intégrant ces leçons, ils ont construit l'antifragilité, démontrant que les effets et les conséquences de la FE peuvent être transformés en une base pour une croissance à long terme.

Discussion et conclusion

Cette recherche s'appuie sur une étude de cas unique pour examiner le concept d'antifragilité et les processus qui y sont associés. Elle présente le concept d'EE comme un processus plutôt que comme une conséquence et définit l'antifragilité comme le résultat de ce processus. Cette étude contribue à la littérature sur les PME en

explorant la question suivante : - Comment les PME confrontées à l'échec entrepreneurial créent-elles de l'antifragilité ?
Cet article explore le phénomène de l'EF, qui est souvent perçu comme la conséquence d'une interaction complexe entre des facteurs externes et internes (par exemple, la faillite, le manque de résilience face à un changement soudain, etc.). Les chercheurs affirment que cette approche privilégie la compréhension de l'échec en tant que phénomène organisationnel, sans tenir compte de l'impact de ce phénomène sur le parcours de l'entrepreneur (Lemercier, 2023). Cette description statique de l'EE donne lieu à des efforts de recherche qui visent à prévenir les échecs au sein des PME, en décrivant la réussite entrepreneuriale comme un état dépourvu d'échec. Le présent document avance l'idée que l'EE peut également être considérée comme un processus dynamique (Klimas et al., 2021), lié au contexte et personnel. Dans le cas de SuLo, l'EE a été principalement façonnée par l'interprétation subjective des entrepreneurs des circonstances dans lesquelles ils naviguaient. Bien que l'entreprise ne soit pas confrontée à l'EE d'un point de vue statique et réductionniste, Philipe et Cathy ont perçu la situation comme telle. C'est cette perception personnelle du phénomène qui leur a permis de réagir avant que les conséquences de l'échec ne conduisent l'entreprise à la faillite. Cet article contribue donc à la littérature sur l'EE en soulignant comment les perceptions personnelles affectent les résultats de l'échec en tant que processus.

Deuxièmement, cet article approfondit le concept d'antifragilité, en soutenant que lorsque l'EE est perçu comme un processus dynamique et contextuel, les résultats de ce processus dépendent d'événements contextualisés. Par la suite, l'antifragilité est analysée comme le résultat d'une combinaison de facteurs survenant au cours du processus. L'étude de cas SuLo a examiné le développement de l'antifragilité de deux entrepreneurs d'une PME française confrontée à l'échec entrepreneurial. Dans ce cas, l'échec est dû à des dépendances inégales résultant d'une alliance stratégique. L'approche ethnographique a permis d'approfondir les subtilités de ce partenariat. En particulier, cette recherche remet en question la portée limitée de la résilience face à l'échec et la nécessité de développer un cadre plus large qui prenne en compte le processus de rebond après l'échec (Portuguez Castro & Gómez Zermeño, 2020). Les principaux résultats de cette étude offrent un récit détaillé des causes et des effets de l'échec et mettent également l'accent sur le processus de développement de l'antifragilité à travers les phases de récupération, d'apprentissage et de rebond (Klimas et al., 2021 ; Rawal et al., 2023). Bien que ces résultats soient transférables à plusieurs contextes entrepreneuriaux, quel que soit le secteur, du point de vue de la logistique urbaine, ils vont au-delà de la durabilité financière et englobent la durabilité sociale, en favorisant la création de valeur sociale et en empêchant la destruction de valeur sociale grâce à un processus d'interprétation et de compréhension d'événements spécifiques. Ce sensemaking prospectif (Rawal et al., 2023) permet d'anticiper les scénarios possibles de l'avenir et de se préparer aux résultats souhaités et éventuellement non souhaités.

Cette histoire d'échec met en lumière les effets cachés à long terme de l'échec entrepreneurial (Rawal et al., 2023), qui sont rarement pris en compte dans la gestion et l'entrepreneuriat traditionnels. Ces perspectives marginalisent souvent l'échec, l'excluant des approches de la réussite. Cela a conduit à la rupture du lien entre les leçons tirées des échecs précédents et la réussite future (Cope, 2011 ; Singh et al., 2015). Nos résultats concordent avec ceux de Rawal et al. (2023), car face à l'échec, les entrepreneurs développent des mécanismes d'adaptation pour éviter les dommages émotionnels. Dans le même esprit que Shepherd & Cardon (2009), à la suite d'un échec, les entrepreneurs qui font preuve de bienveillance envers eux-mêmes surmontent mieux les sentiments négatifs et permettent même une nouvelle vision de l'activité de l'organisation. Cette nouvelle vision facilite la réévaluation des opérations pour qu'elles soient plus efficaces et, potentiellement, un pivotement du modèle commercial vers un modèle plus cohérent (sensemaking) et rentable. L'échec favorise également la connaissance de soi et la définition claire des valeurs importantes pour les entrepreneurs et l'organisation, empêchant ainsi que des facteurs cruciaux ne soient négligés dans les décisions et alliances futures. Bien que la résilience, comprise comme un fonctionnement stable, atténue le chagrin ou réduise le temps de récupération émotionnelle après un échec (Corner et al., 2017), la récupération émotionnelle en tant qu'étape pour continuer à entreprendre ou créer de nouvelles opportunités d'entreprise ne peut être négligée (Rawal et al., 2023).

L'utilisation d'un cadre théorique alternatif pour comprendre une étude de cas réelle d'échec entrepreneurial, ses processus, moyens et résultats, s'est révélée fructueuse pour apporter de nouvelles perspectives sur le parcours entrepreneurial. En particulier, aborder le processus de construction de l'antifragilité dans SuLo permet de comprendre les actions possibles en période de crise. Par ailleurs, l'antifragilité ne remplace pas la résilience, mais la complète (Cope, 2011 ; Rawal et al., 2023). La résilience concerne la récupération après des revers et le retour à un fonctionnement stable, tandis que l'antifragilité implique de devenir plus fort et de tirer profit de ces revers. L'acceptation du changement prépare le terrain pour identifier et exploiter de nouvelles opportunités (Rawal et al., 2023). La méthodologie d'étude de cas associée à l'approche ethnographique a permis de mieux comprendre les étapes de récupération, d'apprentissage et de rebond comme mécanismes précieux pour faire face aux perturbations tout en émergeant plus fort de ces crises. En outre, selon les détails de cette étude de cas, l'un des principaux problèmes de SuLo résidait dans la divergence des valeurs opérationnelles, qui s'est traduite par deux situations conflictuelles : d'abord, l'aliénation du travail humain ; ensuite, une dépendance biaisée envers les machines. Ce problème mérite une attention particulière, notamment après l'explosion de l'intelligence artificielle générative en 2022 et son utilisation dans les industries. Il est nécessaire de définir clairement la différence entre la capacité des machines à être un outil d'aide à la décision et l'influence réelle qu'elles exercent, comme certaines industries semblent le penser.

Ce témoignage unique illustre également le problème des dépendances inégales dans la logistique urbaine, un problème largement négligé dans la littérature qui se concentre généralement sur l'optimisation. Cette négligence ne permet pas de traiter les déséquilibres critiques tels que les conditions de travail précaires et la nécessité d'équilibrer séquentiellement les bénéfices économiques avec la durabilité sociale et environnementale. Cela ouvre des voies pour que les praticiens, les chercheurs et les décideurs politiques explorent des solutions durables pour relever des défis tels que l'augmentation de la congestion, qui freine la mobilité urbaine, ou encore l'augmentation des émissions de véhicules, qui détériorent la qualité de l'air, entre autres enjeux pressants de la logistique urbaine. Cette approche basée sur les compétences (Mitchelmore & Rowley, 2010) modifie la perception de l'échec, en le faisant passer de la stigmatisation à la compréhension qu'il est une partie intégrante du parcours entrepreneurial. Bien qu'un entrepreneur doive être reconnu pour ses réalisations, il doit également être valorisé pour sa capacité à relever des défis et à persévérer. L'antifragilité est la compétence qui permet à une courbe de croissance déclinante d'un projet de rebondir – non seulement pour survivre, mais aussi pour continuer à générer de la valeur. Dans le cas de SuLo, cette valeur est durable, car elle se concentre sur un nouveau modèle économique qui privilégie le bien-être des employés.

Cette étude peut également servir de mécanisme pour traduire les résultats de la recherche en pratique, car elle peut être utilisée par les entrepreneurs et dans l'enseignement entrepreneurial pour illustrer un cas réel d'échec qui, loin de proposer une solution universelle, reconnaît l'identité entrepreneuriale individuelle et met en lumière des façons alternatives de gérer l'échec. Par ailleurs, en ce qui concerne les politiques publiques, la stigmatisation de l'échec reste un problème. Un changement de perspective est nécessaire pour offrir un soutien non seulement aux entrepreneurs qui racontent des récits de réussite, mais aussi à ceux qui luttent. Ces entrepreneurs, qu'ils soient en liquidation, qu'ils aient adopté des lois sur l'insolvabilité ou qu'ils aient échoué, peuvent développer l'antifragilité au cours de ce processus. Une éducation accrue, la diffusion et le développement d'ateliers sur ces questions pourraient réduire les taux de mortalité entrepreneuriale et promouvoir la réinvention de la création de valeur durable.

Certaines limites de cette étude doivent cependant être prises en compte, comme la nature contextuelle des études de cas et de l'ethnographie, qui empêche une généralisation à des contextes plus larges. Les études futures devraient valider ce cadre théorique alternatif dans différents contextes et industries. De plus, bien que les études qualitatives puissent approfondir notre compréhension de l'échec, les études quantitatives peuvent aider à expliquer la relation entre l'échec et d'autres variables, non seulement au niveau individuel, mais aussi au niveau organisationnel, sociétal et gouvernemental. D'autres études futures pourraient inclure des travaux de terrain avec des entrepreneurs expérimentés et des jeunes entrepreneurs, ainsi que les différentes façons de gérer l'échec lors de la construction de l'antifragilité aux premières et aux phases de croissance du cycle de vie organisationnel. En outre, explorer les avantages et les inconvénients des biais cognitifs, tels que le surengagement dans le cas des entreprises familiales, pourrait ouvrir de nouvelles voies de recherche précieuses.

Dans l'ensemble, l'échec entrepreneurial a été abordé comme une construction sociale complexe (Mantere et al., 2013), révélant l'antifragilité comme un mécanisme permettant de dévoiler l'identité entrepreneuriale individuelle face à l'échec et au rebond. Nous espérons que l'étude de cas SuLo inspirera les entrepreneurs qui ont connu des difficultés à tout moment de leur parcours entrepreneurial, et leur permettra de surmonter l'échec, d'améliorer et de guérir leur état psychologique de déception et de chagrin, de tirer parti de l'apprentissage et de s'engager dans une quête proactive de nouvelles opportunités.

Bibliographie

Aguinis, H., & Solarino, A. M. (2019). Transparency and replicability in qualitative research: The case of interviews with elite informants. Strategic Management Journal, 40(8), 1291–1315. https://doi.org/10.1002/smj.3015

Amankwah-Amoah, J. (2016). An integrative process model of organisational failure. Journal of Business Research, 69(9), 3388–3397. https://doi.org/10.1016/j.jbusres.2016.02.005

Avenier, M.-J., & Thomas, C. (2015). Finding one's way around various methodological guidelines for doing rigorous case studies: A comparison of four epistemological frameworks. *Systèmes d'information & Management*, *Volume 20*(1), 61–98. https://doi.org/10.3917/sim.151.0061

Beaud, S., & Weber, F. (2010). *Guide de l'enquête de terrain. Produire et analyser des données etnographiques*.

Becker, H. S. (2020). *Les ficelles du métier : Comment conduire sa recherche en sciences sociales*. La Découverte.

Bertaux, D. (2010). *L'enquête et ses méthodes : le récit de vie*. Armand Colin.

Bourke, B. (2014). Positionality: Reflecting on the Research Process. The Qualitative Report, 19(33), 1–9. https://doi.org/10.46743/2160-3715/2014.1026

Burrick, D. (2010). Une épistémologie du récit de vie. *Recherches Qualitatives*, *8*, 7–36. http://www.recherche-qualitative.qc.ca/Revue.html

Casta, J. F., & Zerbib, J. P. (1979). Prévoir la défaillance des entreprises ? *Revue Française de Comptabilité*, *97*, 506–526.

Cope, J. (2011). Entrepreneurial learning from failure: An interpretative phenomenological analysis. *Journal of Business Venturing*, *26*(6), 604–623. https://doi.org/10.1016/j.jbusvent.2010.06.002

Corner, P. D., Singh, S., & Pavlovich, K. (2017). Entrepreneurial resilience and venture failure. *International Small Business Journal: Researching Entrepreneurship*, *35*(6), 687–708. https://doi.org/10.1177/0266242616685604

Eisenhardt, K. M. (1989). Building Theories from Case Study Research. *Academy of Management Review*, *14*(4), 532–550. https://doi.org/10.5465/amr.1989.4308385

Hlady-Rispal, M. (2002). *La Méthode des cas. Application à la recherche en gestion*. De Boeck Université.

Jouin, C., Rousseau, V., & Sautonie-Laguionie, L. (2023). Peut-on en finir avec le critère de la cessation des paiements ? *Revue Des Procédures Collectives*, *1*, 9.

Khelil, N., Smida, A., & Zouaoui, M. (2022). *Revue internationale P . M . E . littérature What does " to fail " in entrepreneurship mean ? Critical rereading of the literature ¿ Qué significa fracasar en emprendimiento ? Relectura de la literatura Que signifie échouer en entrepreneuriat ? Relecture*. *31*, 35–66.

Klimas, P., Czakon, W., Kraus, S., Kailer, N., & Maalaoui, A. (2021). Entrepreneurial Failure: A Synthesis and Conceptual Framework of its Effects. *European Management Review*, *18*(1), 167–182. https://doi.org/10.1111/emre.12426

Langley, A. (1999). Strategies for theorizing from process data. *Academy of Management Review*, *24*(4), 691–710. https://doi.org/10.5465/AMR.1999.2553248

Lemercier, K. (2023). The French approach to entrepreneurial failure: A profound paradigm shift. *Canadian Journal of Administrative Sciences*, *May*, 1–10. https://doi.org/10.1002/cjas.1727

Mantere, S., Aula, P., Schildt, H., & Vaara, E. (2013). Narrative attributions of entrepreneurial failure. *Journal of Business Venturing*, *28*(4), 459–473. https://doi.org/10.1016/j.jbusvent.2012.12.001

Mees-Buss, J., Welch, C., & Piekkari, R. (2022). From Templates to Heuristics: How and Why to Move Beyond the Gioia Methodology. Organizational Research Methods, 25(2), 405–429. https://doi.org/10.1177/1094428120967716

Mitchelmore, S., & Rowley, J. (2010). Entrepreneurial competencies: A literature review and development agenda. *International Journal of Entrepreneurial Behaviour and Research*, *16*(2), 92–111. https://doi.org/10.1108/13552551011026995

Morris, M. H., Webb, J. W., Fu, J., & Singhal, S. (2013). A competency-based perspective on entrepreneurship education: Conceptual and empirical insights. *Journal of Small Business Management*, *51*(3), 352–369. https://doi.org/10.1111/jsbm.12023

Portuguez Castro, M., & Gómez Zermeño, M. G. (2020). Being an entrepreneur post-COVID-19 – resilience in times of crisis: a systematic literature review. *Journal of Entrepreneurship in Emerging Economies*, *13*(4), 721–746. https://doi.org/10.1108/JEEE-07-2020-0246

Rawal, A., Sarpong, D., & Singh, S. K. (2023). Phoenix rising: Rebounding to venture again post firm-failure. *Industrial Marketing Management*, *112*(May), 71–84. https://doi.org/10.1016/j.indmarman.2023.05.007

Reich, J. A. (2021). Power, Positionality, and the Ethic of Care in Qualitative Research. Qualitative Sociology, 44(4), 575–581. https://doi.org/10.1007/s11133-021-09500-4

Rockmann, K. W., & Vough, H. C. (2023). Using Quotes to Present Claims: Practices for the Writing Stages of Qualitative Research. Organizational Research Methods, 0(0), 10944281231210558. https://doi.org/10.1177/10944281231210558

Sangué-Fotso, R., & Nkakene Molou, L. (2021). La défaillance des PME : quelles particularités dans le contexte camerounais ? *La Revue Des Sciences de Gestion, 307–308*, 69–79.

Shepherd, D. A. (2015). Party On! A call for entrepreneurship research that is more interactive, activity based, cognitively hot, compassionate, and prosocial. *Journal of Business Venturing*, *30*(4), 489–507. https://doi.org/10.1016/j.jbusvent.2015.02.001

Shepherd, D. A., & Cardon, M. S. (2009). Negative emotional reactions to project failure and the self-compassion to learn from the experience. *Journal of Management Studies*, *46*(6), 923–949. https://doi.org/10.1111/j.1467-6486.2009.00821.x

Singh, S., Corner, P. D., & Pavlovich, K. (2015). Failed, not finished: A narrative approach to understanding venture failure stigmatization. *Journal of Business Venturing*, *30*(1), 150–166. https://doi.org/10.1016/j.jbusvent.2014.07.005

Van Maanen, J. (2011). *Tales of the Field: On Writing Ethnography*. University of Chicago Press.

Yin, R. (1984). Case Study Research: Design and Methods. In *SAGE PUBLICATIONS Beverly Hills London* (Applied So).

Zilber, T. B., & Zanoni, P. (2022). Templates of Ethnographic Writing in Organization Studies: Beyond the Hegemony of the Detective Story. *Organizational Research Methods*, *25*(2), 371–404. https://doi.org/10.1177/1094428120944468

Points de vue conclusifs

Point de vue du Président de la Mutuelle Nationale Territoriale

Didier BEE
Président de la Mutuelle Nationale Territoriale

Je suis honoré d'être parmi vous aujourd'hui pour aborder le sujet crucial qu'est l'avenir du travail. En tant que président de la Mutuelle Nationale Territoriale, mais également en tant que Maire et DGS, je suis particulièrement sensible aux enjeux de santé et de bien-être au travail.

Le monde du travail connaît des transformations profondes, amplifiées par la crise sanitaire. Face à ces défis, je souhaite mettre en lumière trois leviers essentiels pour construire l'avenir de nos organisations : le management, la prévention, et le sens du travail.

En premier lieu, débutons par **l'importance du management dans la qualité de vie au travail.** Le management joue un rôle crucial dans la santé des salariés, et son importance s'est encore accrue avec les évolutions récentes du monde du travail.

D'une part, nous constatons une évolution des aspirations, notamment chez les nouvelles générations. La quête de sens dans le travail, le maintien d'un équilibre entre vie professionnelle et vie personnelle et le besoin de flexibilité deviennent des éléments essentiels dans la détermination de ce qu'est la QVT pour un salarié. Ces aspirations redéfinissent la relation employeur-employé et exigent une adaptation de nos pratiques managériales.

D'autre part, la crise sanitaire a accéléré le déploiement du télétravail. Si ce mode d'organisation répond à l'aspiration de flexibilité et d'équilibre entre vie professionnelle et vie personnelle, il pose de nouveaux défis : le risque d'isolement, la difficulté à maintenir la cohésion d'équipe, et l'augmentation potentielle du stress et des heures travaillées. Une étude récente montre que 35% des salariés déclarent avoir vécu une situation d'isolement social au cours des 12 derniers mois. Les managers doivent développer de nouvelles compétences pour accompagner efficacement leurs équipes dans ce contexte.

Enfin, nous constatons une augmentation des risques psychosociaux. Selon une enquête de 2022, plus de 60% des salariés estiment exercer un métier susceptible d'avoir un impact négatif sur leur santé mentale.

Ces évolutions mettent en avant l'importance du rôle des manageurs et de la nécessaire adaptation des employeurs aux aspirations de leurs salariés. À la MNT, nous accompagnons les collectivités dans cette transition, en proposant un accompagnement et des outils adaptés.

En second lieu, je souhaitais vous parler de **l'importance de la prévention**. La santé physique et mentale des individus a un impact direct sur leur présence et leur performance au travail. C'est pourquoi la prévention doit être au cœur de nos politiques de ressources humaines.

L'identification des risques professionnels est un outil précieux pour mettre en place des actions correctives et préventives adaptées aux réalités du terrain. À la MNT, nous accompagnons les collectivités dans la réalisation de leur Document Unique d'Évaluation des Risques Professionnels, et nous constatons l'importance de l'indentification et la mise en place des mesures de prévention.

L'identification des risques permet de déboucher sur des plans d'action concrets. Par exemple, des programmes d'activités physiques adaptées, des bilans de santé réguliers, ou encore des formations à la gestion du stress. Ces actions permettent de réduire l'absentéisme et d'améliorer le bien-être au travail. Nous estimons que pour 1€ investi en prévention, ce sont entre 1,2€ et 2,5€ d'économisés.

La prévention passe aussi par un accompagnement personnalisé des agents en difficulté. Cela peut inclure un suivi médical renforcé, un accompagnement psychologique, ou des aménagements de poste. Ces dispositifs permettent souvent d'éviter des arrêts longs ou répétés, bénéfiques tant pour le salarié que l'employeur.

Enfin, abordons **le développement du sentiment d'appartenance**. La quête de sens dans le travail est devenue une source de motivation primordiale. Le sentiment d'appartenance est un puissant levier de motivation et de performance.

Pour développer ce sentiment d'appartenance, il est essentiel d'impliquer les salariés dans le projet global de l'entreprise ou de la collectivité. Cela passe par une communication transparente sur les objectifs et les enjeux, la consultation des agents sur les décisions importantes, et la valorisation des contributions individuelles et collectives.

Nous savons que la reconnaissance est un facteur clé de motivation mais le sentiment d'appartenance se nourrit aussi des liens entre collègues. Il est important d'organiser des moments de convivialité, de favoriser les projets transversaux, et d'encourager l'entraide et la solidarité au sein des équipes.

J'ai par exemple pu mesurer l'impact bénéfique de la campagne de communication externe de la MNT qui mettait en avant nos adhérents plutôt que des acteurs. Ce type d'initiative valorise le service public et les agents directement, renforçant ainsi leur sentiment d'appartenance et leur fierté.

En conclusion, je suis convaincu que l'avenir du travail repose sur une gestion humaniste et une prévention proactive. Ces leviers que je viens d'évoquer - management adapté, prévention efficace, et renforcement du sentiment d'appartenance - ne sont que quelques-uns des nombreux outils à notre disposition. Les échanges qui se sont déroulés aujourd'hui en sont la preuve.

Je vous remercie de votre attention et de ces temps d'échanges passionnants.

L'évolution et l'analyse de l'absentéisme dans la fonction publique territoriale

Laurent BESOZZI
Vice-président de la MNT
Président de l'Observatoire MNT Social et Territorial
Administrateur de la Mutualité Française

Je suis ravi d'être parmi vous aujourd'hui pour vous présenter les résultats de la dernière étude de l'Observatoire MNT sur un sujet crucial pour nos collectivités : l'absentéisme dans la fonction publique territoriale.

En tant que vice-président de la MNT et président de l'Observatoire, j'ai l'honneur de vous exposer les principaux enseignements de ce travail approfondi, qui vise à mieux comprendre les causes et les implications de ce phénomène complexe.

L'absentéisme est un enjeu majeur, tant sur le plan humain qu'économique et organisationnel. Il soulève des questions essentielles sur la santé et le bien-être au travail de nos agents, sur l'efficacité de nos services publics, et sur la gestion de nos ressources humaines.

Au cours de cette présentation, nous développerons les thèmes suivants :

- Les définitions et modes de mesure de l'absentéisme ;
- L'état des lieux actuel dans la FPT et son évolution ;
- Les causes profondes et multifactorielles de ce phénomène ;
- Ses implications concrètes pour les collectivités et les agents ;
- Les pistes d'action pour agir efficacement.

Notre objectif est de vous fournir des clés de compréhension et des repères pour agir, afin d'améliorer la situation dans les collectivités territoriales.

Avant d'entrer dans le vif du sujet, il est essentiel de bien définir et délimiter ce dont nous parlons lorsque nous évoquons l'absentéisme dans la fonction publique territoriale.

Tout d'abord, il faut reconnaître qu'il n'existe pas de définition ni de mode de calcul universels de l'absentéisme professionnel. Cette absence de référence commune pour un sujet aussi important peut surprendre, mais elle s'explique par la complexité et la multiplicité des causes. En effet, les absences peuvent résulter de problèmes de santé chroniques ou inattendus, que l'agent ne souhaite d'ailleurs pas forcément évoquer. Elles peuvent aussi être liées à un processus de démotivation, parfois lent et profond, en lien avec des sujets organisationnels ou managériaux.

Face à cette complexité, différentes approches coexistent pour mesurer l'absentéisme. Le taux d'absentéisme est l'indicateur le plus utilisé, mais son calcul varie selon les organisations. Certaines intègrent uniquement les arrêts pour raisons de santé, d'autres incluent également les congés maternité ou les formations.

Cette hétérogénéité des pratiques rend les comparaisons délicates entre secteurs d'activités, entre public et privé ou entre pays. C'est pourquoi il est important de bien préciser le périmètre et la méthode de calcul utilisés lorsqu'on évoque des chiffres d'absentéisme.

Au-delà du taux global, d'autres indicateurs permettent d'affiner l'analyse :

- La fréquence des absences ;
- La durée moyenne des arrêts ;
- Le taux d'exposition, c'est-à-dire la proportion d'agents absents.

L'analyse peut être encore affinée en distinguant les absences courtes, moyennes et longues, qui ne relèvent pas des mêmes problématiques.

Concernant la situation dans la fonction publique territoriale, les chiffres montrent un taux d'absentéisme élevé, autour de 9,5% en moyenne, ces dernières années.

Mais au-delà de ce chiffre global, plusieurs tendances se dégagent :

- Des arrêts moins fréquents mais plus longs que dans le privé ;
- Une progression continue de la gravité des arrêts, avec un allongement de leur durée moyenne ;
- Des variations importantes selon les types de collectivités, les filières et les profils d'agents

Il faut noter que la crise sanitaire a eu des effets contrastés, avec une hausse des arrêts courts liés au Covid mais une baisse des autres types d'arrêts pendant les confinements.

Enfin, il est important de souligner que l'absentéisme a un coût significatif pour les collectivités, estimé à plusieurs milliards d'euros par an. Au-delà de l'aspect financier, il a aussi un impact sur la continuité et la qualité du service public.

Pour conclure cette première partie, on peut affirmer que l'absentéisme dans la FPT est un phénomène complexe, qui ne peut se résumer à des explications simplistes. Il soulève des questions essentielles sur la santé et le bien-être au travail des agents, sur l'efficacité des services publics, et sur la gestion des ressources humaines.

C'est pourquoi il est crucial d'adopter une approche globale pour comprendre et agir sur ce phénomène. Plutôt que de stigmatiser, nous devons chercher à identifier les causes profondes et à mettre en place des actions adaptées.

Après cette première partie axée autour des concepts, il est proposé d'analyser la réalité des chiffres de l'absentéisme dans la fonction publique territoriale.

Le constat est clair : le taux d'absentéisme dans la FPT reste à un niveau élevé. Selon les dernières données de Sofaxis, il s'est stabilisé à 9,6% en 2021, un niveau comparable à 2020.

Ce chiffre constitue le point culminant d'une trajectoire ascendante observée depuis le début des années 2000. Pour donner un ordre d'idée, ce taux était de 8,8% en 2017. En quatre ans, nous avons donc connu une hausse de près de 10%.

Mais au-delà de ce chiffre global, plusieurs tendances se dégagent :

Premièrement, nous observons des arrêts moins fréquents mais plus longs que dans le privé. Le taux d'exposition, c'est-à-dire la proportion d'agents ayant été absents au moins une fois dans l'année, a sensiblement baissé. Il était de 40% en 2021 contre 50% en 2015.

Deuxièmement, nous constatons une progression continue de la gravité des arrêts, avec un allongement de leur durée moyenne. En 2021, la durée moyenne des arrêts, tous motifs confondus, s'établissait à 51 jours, soit deux jours de plus qu'en 2020. En cinq ans, la hausse est très significative : plus 38% entre 2015 et 2020.

Troisièmement, nous observons des variations importantes selon les types de collectivités, les filières et les profils d'agents. Par exemple, le taux d'absentéisme atteint ses plus hauts niveaux dans les métiers des filières sociales, médico-sociales et techniques.

Ces chiffres et ces tendances nous montrent qu'il n'y a pas un, mais des absentéismes dans la territoriale. C'est un phénomène complexe, qui ne peut se résumer à des explications simplistes.

C'est pourquoi il est crucial d'adopter une approche globale pour comprendre et agir sur ce phénomène. C'est ce que nous allons voir dans la suite de notre analyse.

Après avoir examiné les chiffres, il semble important d'analyser sur un aspect crucial de l'absentéisme : la gestion humaine des moments charnières dans la carrière d'un agent territorial.

La carrière d'un agent est jalonnée de moments clés qui peuvent fragiliser sa santé et son engagement professionnel, comme :

- L'entrée dans la fonction publique, souvent précédée d'une période de précarité ;
- Les changements de poste ou de service, parfois subis plus que choisis ;
- L'évolution des missions et des compétences requises ;
- Les fins de carrière, avec la question cruciale du maintien dans l'emploi.

Face à ces transitions, force est de constater que les réponses des collectivités sont souvent insuffisantes :

- Manque d'anticipation et de préparation des mobilités ;
- Formations pas toujours adaptées aux besoins réels ;
- Peu d'aménagements de postes pour les seniors ;
- Difficultés à proposer des secondes carrières valorisantes.

Un autre moment délicat est celui de l'arrêt de travail. Que ce soit pour l'agent ou pour le service, c'est une période qui peut être source de difficultés : pour l'agent, avec un risque d'isolement, de perte de repères professionnels et de difficultés financières et pour le service en termes de désorganisation, surcharge pour les collègues et de perte de compétences.

Or, nous constatons trop souvent que la gestion administrative des arrêts prend le pas sur l'accompagnement humain. C'est ainsi que nous notons peu de contacts maintenus avec l'agent absent, des retours au travail insuffisamment préparés et un réel manque de souplesse dans la reprise progressive.

Face à ces enjeux complexes, les ressources sont souvent insuffisantes. Les services RH sont souvent en tension et très centrés sur la gestion administrative, il existe une indéniable pénurie de médecins de prévention, un manque de coordination entre acteurs (RH, médecine préventive, managers) et un pilotage RH encore trop focalisé sur les indicateurs quantitatifs.

Aussi, pour agir efficacement, il conviendrait de renforcer la prévention primaire, en améliorant les conditions de travail et la qualité de vie au travail, de développer l'accompagnement individualisé des agents, de former les managers à la prévention et à la gestion des absences et de mettre en place une véritable gestion prévisionnelle des emplois et compétences à l'échelle de la collectivité.

Au final, réduire durablement l'absentéisme nécessite une approche globale, centrée sur l'humain et le sens du travail. C'est un investissement de long terme, mais indispensable pour des services publics de qualité.

Pour la dernière partie de cette présentation, après avoir analysé les chiffres et les causes profondes de l'absentéisme, l'étude propose quelques premières réponses.

Premièrement, il nous semble crucial de renforcer la prévention et d'améliorer les conditions de travail. Cela passe par le développement d'une véritable culture de la prévention des risques professionnels, l'amélioration de l'ergonomie des postes de travail, en particulier pour les métiers à forte pénibilité, la mise en place d'actions de promotion de la santé et la formation des managers à la prévention des risques psychosociaux.

Deuxièmement, nous devons mieux accompagner les parcours professionnels des agents. Cela implique de développer la gestion prévisionnelle des emplois et des compétences, de favoriser la mobilité interne et les secondes carrières, de renforcer la formation tout au long de la vie professionnelle et enfin d'aménager les fins de carrière.

Troisièmement, il est nécessaire de moderniser le management public. Pour ce faire, nous devrions donner plus d'autonomie et de responsabilités aux agents, développer le management par projet et les pratiques collaboratives, améliorer la reconnaissance du travail accompli et enfin favoriser un meilleur équilibre vie professionnelle / vie personnelle.

Quatrièmement, la réforme de la protection sociale complémentaire doit être perçue comme une opportunité de se saisir de cette problématique de l’absentéisme. A cet égard, il est proposé de généraliser une couverture prévoyance de qualité pour tous les agents, en mettant en œuvre l’accord collectif de juillet 2023, de développer les services d'accompagnement et de renforcer la prévention dans le cadre des contrats de groupe.

Enfin, nous devons améliorer le suivi et la gestion des absences par une harmonisation des indicateurs de mesure de l'absentéisme entre collectivités, en développant les entretiens de retour après une absence longue, en formant l'encadrement à la gestion des absences et en mettant en place des procédures de contrôle adaptées.

Pour résumer, réduire durablement l'absentéisme nécessite une approche globale et de long terme, associant prévention, accompagnement des agents et modernisation des pratiques managériales. C'est un investissement nécessaire pour des services publics de qualité.

L'enjeu de la problématique de l’absentéisme est de taille : il s'agit non seulement de maîtriser les coûts, mais surtout d'améliorer la qualité de vie au travail des agents et in fine la qualité du service public rendu aux usagers.

Cette étude n'est qu'une première étape qui en appelle bien d’autres. L'Observatoire MNT social et territorial poursuivra ses travaux pour approfondir certains aspects et explorer de nouvelles pistes d'action.

Des petits chefs aux happiness managers

Richard DOUDET
Avocat
Spécialiste en droit du Travail
Ancien bâtonnier de l'ordre des avocats de Limoges

Le droit du travail s'est construit contre les petits chefs. Bien avant les congés payés ou les contrats collectifs de travail la revendication principale des ouvriers en 1936 était la création des délégués du personnel. En imposant deux délégués du personnel dans toute unité de travail de plus de 10 salariés, le Front populaire entendait mettre un terme à la toute-puissance de ces contremaîtres, devenus, au fil du temps les redoutables gardes chiourmes d'une industrialisation sans limites. Les années précédant le Front populaire avaient été marquées, partout en France, par de très importantes grèves ouvrières en réaction aux excès de ces petits chefs zélés dénoncés en son temps par le journaliste Albert LONDRES. Ils avaient un droit de vie et de mort sur des ouvrières et des ouvriers peu qualifiés qui pouvaient être précipités dans la misère la plus noire en quelques minutes, pour avoir marqué une désapprobation face un ordre injuste où, pire, avoir refusé de céder à un droit de cuissage institutionalisé dans certaines fabriques.

L'élection des délégués du personnel puis, plus tard, l'instauration des délégués syndicaux et des comités d'entreprise en 1968 ont fait pénétrer, de force, les droits de l'homme au sein de l'espace des entreprises que les employeurs considéraient comme des espaces privés où ils devaient demeurer seuls maîtres à bord. Progressivement, l'ouvrier a cessé de poser sa citoyenneté et ses droits fondamentaux à l'entrée de l'usine et il y est devenu un véritable sujet de droit.

Parachevant cette œuvre d'intégration des droits humains au sein du monde du travail, plusieurs Lois d'inspiration européenne sont venues imposer, au début du XXIème siècle, la lutte contre les discriminations de toute nature, assurant ainsi l'effectivité du principe constitutionnel d'Egalité dans l'entreprise.

Et puis … et puis plus rien.

Le droit du travail et la procédure prud'homale ont fait l'objet, ces vingt dernières années, d'attaques méthodiques et organisées visant à rendre notre pays « plus attractif et compétitif sur le plan mondial ». La gauche comme la droite ont donc entrepris de détricoter progressivement plus de cent ans de construction des droits sociaux. On s'est attaqué au motif réel et sérieux du licenciement avec la rupture conventionnelle qui est devenue, aujourd'hui, le mode habituel et normal de rupture du contrat de travail avec plusieurs millions de ruptures enregistrées à ce jour.

On s'en est pris, ensuite, à la hiérarchie des normes qui plaçait la Loi et les conventions collectives au-dessus du droit « maison » arrivant progressivement à une balkanisation du droit du travail, chacun détricotant le droit du travail dans son coin au point que plus personne ne s'y retrouve. Enfin, le fameux barème MACRON est venu rationnaliser et tarifer le coût d'un licenciement abusif afin qu'en un clic sur un tableau Excel, les financiers puissent calculer et provisionner le risque maximal d'une rupture abusive du contrat de travail.

Au passage, on a clairement discriminé les salariés employés par les entreprises employant moins de 11 salariés en autorisant les Juges à limiter l'indemnisation d'un licenciement abusif à 2,5 mois de salaire après 10 ans d'ancienneté.

Pour les entreprises de plus de 11 salariés, un salarié victime d'un licenciement sans cause réelle et sérieuse après 30 ans d'ancienneté, peut voir son indemnisation limitée à 3 mois de salaire. Bien sûr, les initiés savent que les situations de harcèlement moral ou de discrimination excluent l'application de ce barème. Mais combien de salariés le savent ? Ce ne sont sûrement pas les syndicats, victimes d'une incroyable crise de légitimité qui combleront ce déficit d'information.

Toutes ces réformes ont, progressivement et à bas bruit, organisé très efficacement la fonte impressionnante du contentieux prud'homal, l'intérêt financier d'un procès devenant de plus en limité pour les bas salaires et ceux qui ont une ancienneté inférieure à 5 ans.

Entre 2017 et 2023 le contentieux prud'homal a chuté de près de 50%. Comme quoi, une volonté politique affirmée, constante et largement partagée par le spectre politique peut donner des résultats.

Seuls les Cadres sortent leur épingle du jeu. Les statistiques sont cruelles. La proportion de cadres saisissant les prud'hommes reste, elle, très stable. Leur plus grande facilité à accéder au droit et aux avocats, leur niveau de salaire et la spécificité de leurs dossiers qui permettent plus facilement de contourner le barème MACRON rendent les procès encore rentables.

Ce n'est pas le seul domaine dans lequel les cadres sortent gagnants de cette grande mutation du droit du travail et donc du monde du travail.

Il est couramment admis que le cadre négocie son salaire alors que le salaire du non-cadre est quasi-systématiquement inscrit dans une grille de la convention collective obsolète, qui n'a pas été renégociée depuis, parfois, des décennies et propose même, pour les coefficients les plus bas des salaires inférieurs au SMIC.

Le développement du télétravail, par définition, a largement profité aux cadres. L'instauration du forfait jours qui a, dans un premier temps tourné à leur désavantage comme une forme de dérégulation devient, finalement, très avantageux en raison des décisions de la cour de cassation récentes très protectrices des amplitudes horaires et du suivi du forfait.

Enfin, il n'a pas échappé aux spécialistes du droit du travail que les Juges ne cessent de renforcer la liberté d'expression des cadres, qui se doit d'être, par définition, plus large « *dans l'intérêt légitime de l'entreprise* » contrairement à celle des non-cadres qui demeure très limitée.

De fait, sur le plan syndical, d'élections en élections, les syndicats de cadres gagnent du terrain dans tous les secteurs au détriment des syndicats ouvriers en pleine crise.

Ainsi, avec la destruction massive et organisée des droits des ouvriers et employés, le recul du syndicalisme ouvrier, le renforcement, de fait, du statut des cadres, mieux informés, plus autonomes, plus mobiles et ayant les moyens matériels et intellectuels de défendre leurs droits, tout était réuni pour que, sur le terrain, on constate le retour des petits chefs contre lesquels, précisément le droit du travail s'était développé.

Le management moderne fait de recherche constante de la rentabilité au détriment de la valeur travail a besoin, à nouveau, de ces gardes chiourmes efficaces souvent encouragés par un système de rémunération qui les incitent, insidieusement, à un management dysfonctionnel.

Ils ont compris et intégré que, de fait, la période d'essai était désormais de 4 ans pour l'ensemble des salariés compte-tenu du coût très faible d'une rupture abusive. Ils ont progressivement intégré que le reflux des droits sociaux leur redonnait ce pouvoir immense qu'ils avaient perdu au fil du développement du droit du travail.

Il n'est plus rare que nous recevions désormais dans nos cabinets des salariés fragilisés sur le plan sociologique, isolés, peu informés en proie à l'arbitraire brutal de petits chefs que les mutations récentes ont replacé dans leur toute-puissance. « *On s'en fout, tu peux nous coller aux prud'hommes : tu attendras 3 ans pour ramasser 1 mois de salaire* ». Voilà ce que l'on entend désormais, voilà ce qui nous est rapporté, lorsque que ce n'est pas le spectre immonde du droit de cuissage pratiqué insidieusement dans les sociétés de service comme les sociétés de nettoyage sur des salariées sociologiquement fragiles, mamans isolées à qui l'on glisse à l'oreille « *Comment tu feras pour tes gosses si t'es dehors ?* ».

Voilà, aujourd'hui, la réalité du travail, voilà la réelle mutation du travail voilà comment la destruction méthodique du droit du travail, de la valeur travail, la crise de confiance des syndicats, le manque de moyens des Directions du travail nous font revenir plus s'un siècle en arrière.

Mais qu'ils se méfient ces nouveaux petits chefs. Le temps du soutien inconditionnel des patrons à leurs chefs d'atelier est bien révolu. Qu'un harcèlement moral soit établi, que des preuves flagrantes d'abus de pouvoir soient mises sur la table des Juges et ils seront immédiatement et impitoyablement lâchés et sanctionnés au nom de la sacro-sainte politique de la QVT et de la lutte contre les risques psycho-sociaux.

Ainsi, si les cadres sont les grands gagnants de la déliquescence du droit du travail et donc des grandes mutations du travail, ils doivent apprendre à doser leur nouveau pouvoir en ne laissant, surtout, aucune trace. Le petit chef doit apprendre à devenir un « happiness manager », nouvelle chimère du monde du travail maniant avec art la souffrance tranquille.

TABLE DES MATIÈRES

SOMMAIRE **7**

AVANT-PROPOS
Pourquoi renouveler notre regard sur le travail ?, par Gulsen YILDIRIM 9

PREMIÈRE PARTIE
LE RENOUVELEMENT DES ENJEUX DE SANTE ET DE SECURITE AU TRAVAIL **17**

Le travail en 2040, modalités de pilotage et enjeux de santé et sécurité, par Marc MALENFER et Jennifer CLERTÉ 19

Comprendre les mutations du travail pour comprendre les risques psychosociaux, par Johan JULY 45

DEUXIÈME PARTIE
LES NOUVELLES FRONTIERES DU TEMPS DU TRAVAIL **67**

Repenser le temps de travail ?, par Michel MINÉ 69

Reconsidérer le temps de travail, ou la nécessité de dépasser le « clock time » ou le temps de l'horloge ?,
par Isabelle SAUVIAT 87

TROISIÈME PARTIE
LES NOUVEAUX LIEUX DE TRAVAIL **101**

Concilier les nouveaux lieux de travail,
par Delphine THARAUD 103

Les mutations du travail : nouveaux espaces et nouvelles pratiques managériales,
par François GRAVIÉ-PLANDÉ 119

QUATRIÈME PARTIE
L'UBERISATION DU TRAVAIL **141**

Comment l'ubérisation du travail bouleverse la relation « travail indépendant - travail subordonné » ?,
par Gulsen YILDIRIM 143

L'antifragilité comme conséquence d'un échec entrepreneurial : un cas d'ubérisation, par Rosa Milena MUÑOZ et Hugo DE TARRAGON 163

POINTS DE VUE CONCLUSIFS 183

Point de vue du président de la Mutuelle Nationale Territoriale,
par Didier BEE 185

L'évolution et l'analyse de l'absentéisme dans la fonction publique territoriale, par Laurent BESOZZI 189

Des petits chefs aux happiness managers,
par Richard DOUDET 195

Liste complète des parutions de la collection

Le divorce du XXIe siècle (dir. Laetitia Antonini-Cochin et Marie-Cécile Lasserre), 2022.

Justice et littérature. Nos gloires littéraires et leurs juges. De Chateaubriand à Zola, Marcel Foulon, 2021.

La responsabilité pénale du chef d'entreprise, Victoria Ligny, 2021.

Émotion et sciences. Interactions (dir. Yves Strickler, Marc Ortolani et Jean-Sylvestre Bergé),. 2021.

L'action civile en droit pénal des affaires (dir. Coralie Ambroise-Castérot), 2021.

Les juridictions au cœur des interactions sociales. Approche franco-russe (dir. Xavier Latour et Anne-Sophie Siew-Guillemin), 2021.

Le renouveau du droit des obligations. Perspectives franco-japonaises (dir. Gaël Chantepie, Mathias Latina, Aya Ohsawa), 2020.

Le droit et la science politique à l'épreuve des crises du XXIe siècle (dir. Nils Monnerie et Cloé Ponzo), 2020.

Nouvelles procédures civiles, nouvelles pratiques professionnelles ? Bilan et perspectives (dir. Natalie Fricero et Marie-Cécile Lasserre), 2020.

Équilibre(s) et déséquilibres(s) en droit : regards croisés Droit et Gestion (dir. Anne-Sophie Siew-Guillemin, Alexandra Baile, Cédric Chapelle, Caroline Fabre), 2020.

Les difficultés des petites entreprises : regards croisés Droit et Gestion (dir. Gulsen Yildirim et Alain Rivet.), 2020.

Les sanctions de l'inexécution après la réforme du droit des contrats, Louise Bottin, 2020.

Presse et procès pénal (dir. Christine Courtin, Fabienne Ghelfi et Cédric Porteron), 2020.

Université et prétoire, Mélanges en l'honneur de Monsieur le Professeur Claude LIENHARD (dir. Isabelle Corpart, Caroline Lacroix et Marie-France Steinlé-Feuerbach), 2020.

Défiance, doute, incertitude : quelle place pour la notion de confiance dans les sociétés modernes ? (dir. Julie Tribolo), 2019.

L'enfant à l'épreuve de la séparation parentale (dir. Laetitia Antonini-Cochin et Marie-Cécile Lasserre), 2019.

Les grands principes des répartitions dans les procédures collectives, Maxence Guastella, 2019.

La cession de dette, Jean-Baptiste Bottin, 2019.

Déclaration des droits de l'homme et du citoyen. Postérité et actualité (dir. Jimmy Meersman et Rémi Puigventos), 2019.

Médiation et entreprises. Regards croisés Droit et Gestion (dir. Gulsen Yildirim, Isabelle Sauviat et Romain Dumas), 2019.

La procédure (dir. Joanna Genovese et Giovanna Debernardi), octobre 2018, 138 pp

Techniques de critique d'une décision « définitive ». Imprécision sémantique et pérennité des décisions de justice en procédure civile, Tennessee Caen, juin 2018, 160 pp

Réforme de la prescription pénale (dir Ch. Courtin et J.-R. Demarchi), juin 2018, 154 pp

Droit des sociétés et procédures collectives (dir. Laurence-C. Henry), janv. 2018, 207 pp

Le concept d'arbitrage (dir. Camille Leroy et Loïc Yboud), décembre 2017, 221 pp

Procédure civile et nouvelles technologies, Delphine de Lorgeril, septembre 2017, 164 pp

Mélanges en l'honneur du Doyen Roger Bernardini, « Parcours pénal » (dir. Christine Courtin, Marc Dalloz, Fabienne Ghelfi, Jean-François Renucci), mars 2017, 313 pp

Victor Hugo et les magistrats, Marcel Foulon, octobre 2016, 198 pp

Variations juridiques et sociologiques - Regards experts sur les grandes mutations du droit (dir. Marc Dalloz), septembre 2016, 141 pp

De la mobilisation du fait à la réalisation du droit (dir. M. Lei et L. Yboud), 2016, 225 pp

Les enjeux patrimoniaux de la séparation - Questions récurrentes (dir. Laetitia Antonini-Cochin), juillet 2016, 112 pp

Les aspects procéduraux du dessaisissement, Benjamin Ferrari, février 2016, 192 pp

Le droit et les sentiments (dir. L. Bolleri-Schenique et D. Lanzara), déc. 2015, 219 pages

L'erreur judiciaire : Apprendre à douter pour lutter contre les erreurs judiciaires (dir. Xavier Pin), novembre 2015, 119 pp

Fonctionnaires et droit pénal. Des justiciables comme les autres ? (dir. Marc Dalloz et Christine Courtin), septembre 2015, 226 pp

L'expertise non judiciaire à l'aune des droits fondamentaux, Thibault Goujon-Bethan, janvier 2015, 196 pp

Un art, un droit, une question – Triptyque juridico-artistique (dir. Diane Boustani, Dalida Chabri, Marion Combe, Sarah Farhi, Marie-Cécile Lasserre), octobre 2014, 210 pp

Le paiement (dir. Marc Mignot et Jérôme Lasserre Capdeville), juillet 2014, 298 pp

Le vice de procédure. Réflexions désordonnées d'un artisan du droit sur l'article 2241, alinéa 2 du Code civil, Denys Mas, juin 2014, 137 pp

Le droit de l'exécution des peines. Espoirs ou désillusion ? (dir. F. Ghelfi), 2014, 153 pp

Variations juridiques et politiques. Clés pour la compréhension du monde contemporain (dir. Yves Strickler), novembre 2013, 354 pp

Les infractions de harcèlement, Sylvana Paradiso, octobre 2013, 94 pp
Volonté et biens (dir. Yves Strickler et Fabrice Siiriainen), juillet 2013, 352 pp
La réforme de la garde à vue (dir. Christine Courtin), janvier 2013, 124 pp
L'arbitrage, questions contemporaines (dir. Y. Strickler et J.-B. Racine), juillet 2012, 224 pp
Le prix de la rupture. Au cœur des contentieux familiaux (dir. L. Antonini-Cochin et Ch. Courtin), mars 2012, 112 pp

Structures éditoriales du groupe L'Harmattan

L'Harmattan Italie
Via degli Artisti, 15
10124 Torino
harmattan.italia@gmail.com

L'Harmattan Hongrie
Kossuth l. u. 14-16.
1053 Budapest
harmattan@harmattan.hu

L'Harmattan Sénégal
10 VDN SICAP AMITIE 3
BP 45034 Dakar-Fann
direction@senharmattan.com

L'Harmattan Cameroun
Tsinga/Derrière polyclinique FECAFOOT
BP 11486 Yaoundé
Jacques.koukam@harmattan.fr

L'Harmattan Burkina Faso
Villa 281, secteur 23 623, rue 14.32
Ouagadougou
zagbie@outlook.fr

L'Harmattan Guinée
Almamya, rue KA 028 OKB Agency
BP 3470 Conakry
harmattanguinee@yahoo.fr

L'Harmattan RDC
185, avenue Nyangwe
Commune de Lingwala – Kinshasa
matangilamusadila@yahoo.fr

L'Harmattan Congo
219, avenue Nelson Mandela
BP 2874 Brazzaville
deunovmikhael@gmail.com

L'Harmattan Mali
Immeuble Mgr Jean Marie Cissé
Aci Hamadallaye
BP 145 Bamako
syllaka@yahoo.fr

L'Harmattan Togo
Djidjole – Maison Amela
face EPP BATOME
02 BP 20680 Lomé
didieramela11@gmail.com

L'Harmattan Côte d'Ivoire
Résidence Karl – Cité des Arts
Abidjan-Cocody
03 BP 1588 Abidjan
harmattan.ivoire@gmail.com

L'Harmattan Bénin
Rue 604, (Immeuble à l'entrée
de la rue UCAO- Cite de Saint-Jean)
Cotonou
stepcorpus@gmail.com

Nos librairies en France

Librairie internationale
16, rue des Écoles
75005 Paris
librairie.internationale@harmattan.fr
01 40 46 79 11
www.librairieharmattan.com

Librairie des savoirs
21, rue des Écoles
75005 Paris
librairie.sh@harmattan.fr
01 46 34 13 71
www.librairieharmattansh.com

www.ingramcontent.com/pod-product-compliance
Lightning Source LLC
LaVergne TN
LVHW010935061026
849535LV00007B/2408